桂林城最后的老巷

林哲书

——2013影像档案

邓云波 编著

广西师范大学出版社
GUANGXI NORMAL UNIVERSITY PRESS
·桂林·

顾　　问｜林　哲　林志捷

摄　　影｜邓云波　李新华　毛建军

王树勤　王　晶　王芬宁　徐旭霞

（本书除署名的图片及历史资料图片以外，其余均为邓云波摄）

封面题字｜林　哲

序

桂林，既是以“山水甲天下”著称的风景游览城市，也是国务院首批公布的24个国家级历史文化名城之一。

桂林之地，古为百越，战国属楚，秦属桂林郡；西汉元鼎六年（前111）置始安县，为桂林建城的开始。三国吴甘露元年（265），始安升县为郡；南朝梁大同六年（540），始安成为桂州驻地，桂林开始成为岭西北部的行政中枢。唐置岭南道，下设广州、桂州、容州、邕州、交州五总管，桂林成为桂管驻地。北宋统一岭南后，于至道三年（997）将唐岭南道析置为广南东路和广南西路，桂州成为广南西路治所。自此，桂林一直是广西的政治、经济、文化中心。元朝，广西升为行中书省；明朝，广西是当时全国13个布政使司之一，桂林还是靖江王的藩封之地；清朝，广西是全国18个行省之一，其治所均设于桂林。民国时期，桂林依然基本上为广西省政府驻地。

作为历史文化名城的桂林，千百年遗留下来的文化遗产丰厚而宝贵，但由于历史的沧桑和不断的战乱，大量的文物古迹尤其是古城建筑与城垣曾多次遭受破坏。如明末清初的战乱，孔有德一把大火将恢宏的靖江王府烧得只剩残基；清康熙年间，吴三桂叛清，桂林亦遭战火；民国早期，滇粤湘桂等军阀混战，对桂林反复争夺；抗日战争时期，日机的轰炸、极其惨烈的桂林保卫战、沦陷期和日军败退后的烧掠，使桂林城基本成为废墟。[1]难怪不少后人哀叹桂林城已经没有什么古建筑了。这也是后来多次大规模城市改造中未能对老城市建筑以及格局的保护充分重视的一大根源所在。

然而，不护一年苗，何来百年树？尽管桂林的城市老建筑多为抗战后原址复建或新建，只有极其少量清末民初建筑，但每一座老建筑、每一片老街区都刻写着自身的历史，见证着社会的发展与变迁，更承载着与之相关联的每一个人的种种回忆和情愫。老建筑、老街区作为一种物质文化遗存，是历史文化名城的构成要素之一，是历史文化名城的物化体现和标识。历史建筑是一定历史时期人类社会活动的产物，是说明当时历史的具体而真实的实物见证，无不具有时代的特点。它是帮助人们认识和恢复历史本来面貌的重要依据，是体现历史文化发展的有形载体，是不可再生的人文资源。它成为人们了解、认识这一历史阶段人类活动和社会发展的主要依据。如果没有直观、形象、生动的建筑作依托，历史文化没有表现的形态，便无法令人信服。这也许正是我国《历史文化名城名镇名村保护条例》中要求“历史文化名城保护范围内还应当有2个以上的历史文化街区”的缘故。

老桂林市区中心的明靖江王城正阳门（原端礼门）外，城墙南面以及东南角的一片老建筑我们习惯称之为“东巷街区”。桂林的东巷街区，在历史时长、规模大小、文化遗存以及建筑保护上，跟北京的胡同、上海的里弄、天津的估衣街等等无法相比；按《中华人民共和国文物保护法》的规定，“古街区”命名的条件是“保存文物特别丰富并且具有重大历史价值或者革命纪念意义”，桂林的东巷街区也难以称得上严格意义上的“古街区”。但是，这是桂林城区目前仅存的、房屋年龄最长的成片街区，完

1　民国三十八年（1949）《桂林年鉴》载：“查桂林疏散时，有人口五十余万，房屋五万余栋，全城区焚余房屋，现仅存百分之一，且悉皆残破灰烬，揆之扬州十日嘉定屠城，其惨状尚不及桂林远甚，即比之长沙大火，衡阳之攻守屡得屡失，其毁损情形，均莫能髣髴，倘以此次世界大战之任何城市例之，恐未有焚毁房屋达百分之九十九以上如桂林损坏之大者也。”

全称得上是“老桂林街巷唯一的标本”，因此，它的命运为热爱桂林的市民尤其是文化学者所极其关注。

发展是必然的，时光在消磨、吞噬着老巷，生活环境的改善也是老巷居民的共同心愿。2013 年，由属地秀峰区政府主导的东西巷“保护性修缮整治”进入实施阶段，这里的房屋都面临着生死抉择，故而，2013——对于东巷街区来说无疑是一个里程碑。

以这一历史时段为东巷做一份影像档案应该是十分有意义的，其文献与史料价值也将随着时间的推移而逐渐显现。

随着光阴的变幻，岁月的流逝，不仅是东巷街区的老房子在逐渐残损、消逝，居住在东巷的老人们也都年岁渐长，记忆也随之模糊，甚至不断地辞世离去，这是自然规律。即便这些老人仍然健在，也会因儿女的成长而随之迁居，更何况东巷街区的整体修缮和建设在即，东巷的居民必然四散而分居各地，那时要想采访这些人，难度增加就不是几倍、几十倍的事了。因而，采访与拍摄东巷街区，尽可能多地为东巷、为桂林、为后人保留下更多的口述历史和影像资料已迫在眉睫。

在桂林市秀峰区大力推进东巷老街区的修缮及改造工程之时，不少关心老巷或者曾经在这里居住过的市民纷纷回来寻找自己的旧时记忆，更有许多摄影人闻讯而来，以各自的视角进行关注和拍摄，用镜头留存下对老巷的眷念，向老巷行最后的注目礼。

我给自己确定的目标是尽可能记录，努力做一份客观的影像档案，以纪实、文献摄影的态度、视角和手法，记录下这个变化时期的点滴：这里——曾经怎样——现在如何——将要怎样。影像档案的价值最主要的体现在于两大方面：一是记录的信息客观、真实，二是反映的信息丰富、全面。从“客观、真实”来说——不仅包含拍摄的对象是实景、实物，后期不做影响真实性的任何修饰，更为重要的是要保证所拍的是真人、真物，而非张冠李戴。为此，需要尽可能多地了解老巷过去的历史，能以史料为凭据进行多方考证，所记录资料的价值自不用说，对未能考证查实的则须以审慎的语言加以说明，这是严谨的态度。从“丰富、全面”来说——就是尽可能不留盲点和空白，从多侧面切入，从不同的角度、线索来解读老巷，不仅仅是从建筑的变化，还要从人文的角度尽可能深入、再深入。因此，我关注和拍摄的除了老巷的肌理和建筑面貌，还包括老巷居民的生存现状和他们在这个时期所表现出来的样子，尤其是老巷子里与过去历史相关的人、物等更是我重点关注的对象。

本书的编写思路：引子，从志鉴等史料考证，依据各时期的地图分析东、西巷街区形成的时间，各个历史时期街巷名称的变化，以期对东、西巷街区的历史脉络有个清楚而可靠的认识；第一部分，老巷肌理——俯视老街区全貌，展现老街区天面构成状况以及巷道走向情况，完整展现东、西巷街区各条老巷的巷道立面；第二部分，老巷建筑——分类型展现老巷各时期的建筑形态，老巷建筑与王城城墙的关系；第三部分，老巷寻迹——对坊间流传的清末民初时期居住在这里的名人、富商等显要的历史遗存追踪、查实并予以客观记录；第四部分，老巷生活——以影像介绍老巷居民的生活及其发展变化；第五部分老巷故事——对现在居住和曾经居住在老巷的居民进行采访，记录他们所叙述的与老巷相关的故事；第六部分，老巷环境——记录老街区目前的环境现状；第七部分，拆迁进行时——记录老街区开始发生变化的过程。

一个人的力量是有限的，好在还有许多关心桂林历史文化和致力纪实摄影的同道，他们常与我共同采访拍摄、交流讨论。在本书的编写过程中，李新华、毛建军、王树勤、王晶、王芬宁、徐旭霞等也提供了自己所拍摄的图片，他们的图片使这份影像档案更为全面和充实。

摄影无法改变历史，我们只能把看到的、听到的如实记录下来，以一个客观的旁观者的视角来关注这段历史的进程，将东、西巷街区这个地方、这个时段以影像档案的形式留存于世。

邓云波

2013 年 3 月 28 日

目　录

年代稍久的老巷，经历过历朝历代的风风雨雨而不被湮没，总是有她的道理的。讲风水也得，说灵气也罢，在老巷漫长的历史中，多少都会留下一些闪亮的痕迹。

建筑是人类栖息之地，巷道、街区是人类生存、活动的聚落。一切人类文化

引子

让我们穿越到历史的深处，去探查一下东、西巷街区形成与发展的脉络，我想这对于我们全面、真切地了解她会大有裨益。

桂林市正阳路东、西巷位于明靖江王城正阳门（原端礼门）外，巷道沿东西走向与王城的宫城墙基本平行，出正阳门往东为东巷，往西为西巷。东巷尾端在宫城墙东南角与江南巷南北走向段（原全善街）相接，往北通王城东华门的东华路，中间还有一条东西走向的短小的兰井巷。江南巷东西走向段东头接福棠巷。出正阳门过东巷口继续往南不远，有一条向东的小巷叫仁寿巷。由于后面新建房屋的挤占，仁寿巷已经小得外人都不知道这里还能通东巷了。过仁寿巷口往南不远就是解放东路。这一片老街区被我们统称为“东、西巷街区”。

图 1：俯瞰东巷街区及王城东南角（接片）（2013-03-06）

沿西巷往西至王城西南角可通中山中路，西巷的西端及南面在 1998 年的城市大建设中经过改造后，只剩靠城墙的一小段尚未改造，且已无多少像样的老建筑了。

图 2：俯瞰西巷街区及王城西南角（2013-05-13）

图3：西巷西段在1998年城市大建设中已被改造。（2013-05-13）

东、西巷街区的形成和发展与桂林城市的发展密切相连，尤其是跟明靖江王城的兴衰息息相关。

据《桂林市志》[1]记载，桂林自汉元鼎六年（前111）建城，三国时期吴甘露元年（265）置始安郡，南朝梁天监六年（507）置桂州，大同六年（540）州治移于今之桂林；隋、唐、五代均为郡治；北宋至道三年（997）置广南西路，治所桂州（今桂林市），广西简称“桂”之名自此始；南宋绍兴三年（1133）升桂州为静江府；明洪武五年农历六月（1372年7月）改静江府为桂林府，靖江王设藩于桂林，修建靖江王府于独秀峰南。此后，南明永历元年[即清顺治四年（1647）]至永历七年[即顺治十年（1653）]，南明军与清军对桂林数度争夺，桂林处于战乱之中。顺治十一年（1654）广西提督线国安统定南王旧部，驻城内，顺治十六年（1659）废除前靖江王所定田租银米。康熙十三年[即周吴三桂元年（1674）]至康熙十八年[即周洪化元年（1679）]，吴三桂反清，桂林亦处于战乱；康熙二十年（1681）改建定南王府为贡院。

据谢启昆（清）所修的《广西通志》[2]记载：“贡院，在独秀山下，明靖江王府。顺治十四年改建，康熙五年建于都指挥司旧署，二十年署巡抚麻勒吉仍请以王府改建，雍正十年巡抚金鉷重修。”

历代桂林城市的中心都在独秀峰以南区域。以上史料说明，明洪武五年（1372），靖江王设藩于桂林，修建靖江王府于独秀峰南，至清初顺治十四年（1657），王府被改建为贡院。

明太祖朱元璋十分崇尚“礼制”，明代王府中，宫殿、宗庙的形制、纵广等方面的建筑制度制定得非常细致、完备和严格。明代陈琏《桂林郡志》卷三《藩邸》记载：“靖江王府肇建于洪武五年，宫殿、庙社莫不如制，其余近侍之官、宿卫之士、合属之司咸有廨宇。”“门各有楼，东曰体仁，西曰遵义，南曰端礼，北曰广智。四门外复设灵星门。□□□，在王城中。承运门，在殿之南。□□□，在王宫前。斋宫，在承运门左。□□□，在端礼门外之左。社，在端礼门外之右。□□□□纛庙，俱在桂城之南。进膳厨，在承运门之右。”据黄佐（明）纂修的《广西通志》[3]记载：“邸第洪武五年建，二十六年复命指挥同知徐溥、工部主事戈祐韩、

1 桂林市地方志编纂委员会编：《桂林市志》（上），北京，中华书局，1997。

2 谢启昆修，胡虔纂：《广西通志》，卷一百二十九，南宁，广西人民出版社，1988。

3 林富修，黄佐纂：《广西通志》，卷十一，《藩封》，嘉靖壬辰年（1532）刻本（影印）。

毛知理督工修理王城一座，周若千丈，下用巨石，上砌以砖，辟四门，南曰端礼，北曰广智，东曰体仁，西曰遵义。外缭以垣，各为棂星。垣左为宗庙，右为社稷。门墙内为承运门、承运殿、王宫门、王宫，南向如祖训之制，惟风云雷雨山川坛在德胜门外，旗纛庙在坛之西。外有迎恩馆，在伏波门外，为进送表笺、迎接诏敕之处。”

中国古建筑研究专家、华南理工大学建筑学院林哲博士对全国的明代王府做了深入、细致的研究，他在专著《桂林靖江王府》[1]中对桂林靖江王府进行了全面的解读和论证分析，并依据大量翔实的史料描绘了靖江王府的平面复原图及主要建筑的复原图。依其《明朝初期靖江王府平面复原图》，现存的王城城墙为王府宫城城墙，其外围还有一圈萧墙包围着王府地界，萧墙的东西南北各有一道门，都称“棂星门”。端礼门（现正阳门）外萧墙内按制有“左祖右社”，即左边有宗庙，右边是社稷坛。

靖江王府的萧墙及“左祖右社”在什么时候被毁，目前尚无考证，极有可能是在明末清初毁于战乱。现在我们应该能够判断——清初以前，东西巷街区是不可能存在的。

由台湾成文出版社印行的《广西通志辑要》（沈秉成修，苏宗经、羊复礼纂，光绪十五年刊本影印）中有一幅《省城图》（见图4），这是笔者目前能查到的标有东、西巷的最早地图。图中可见“端礼”“体仁”“遵义”和“广智”四门已改名为“正贡门”“东贡门”“西贡门”和“后贡门”；出正贡门往南不远则有向东的东巷，通全善街和福棠街；向西的西巷，通义学巷。据此可以判断——东西巷形成至少不晚于光绪十五年（1889）。

嘉庆七年（1802）修、光绪六年（1880）补刊的《临桂县志》（见图5）已明白无误地在“街巷—城中”条目中提到“东巷”“西巷”。这里应该是指“正贡门街”的东、西巷。据此，东、西巷的形成时间应该上推至——不晚于1880年了。

《岑襄勤公年谱》[2]中记载，“是月[3]公命長子春榮次子春煦扶江夫人賴夫人柩歸粵卜地安葬於臨桂縣城東堯山先是公以西林距省會二千餘里子弟讀書應試既苦道遠又勘觀摩有僑居臨桂之意廼命二子於營葬後購宅於省垣水東門內仁壽宮井巷留居讀書迨公奉諱歸后增置田宅建立廟塾為長久計而以西林祖遺產業公之諸弟云”。据此可知，同治十三年（1874）东巷一带已经开始有民居了。

1　林哲：《桂林靖江王府》，桂林，广西师范大学出版社，2009。

2　清末云贵总督岑毓英（1829~1889），广西西林县人，字彦卿，号匡国，秀才出身，是中国近代壮族史上一位功名显赫的封疆大吏，是与李鸿章、曾国藩等一样活跃在中国近代历史舞台上举足轻重的人物。记述了岑毓英的戎马一生及其家族渊源的《岑襄勤公年谱》为曾在岑毓英门下充任幕僚的赵藩所编著，并收入《续修四库全书》（史部·传记类）。

3　按文中年代排序，此处指同治十三年（1874）八月。

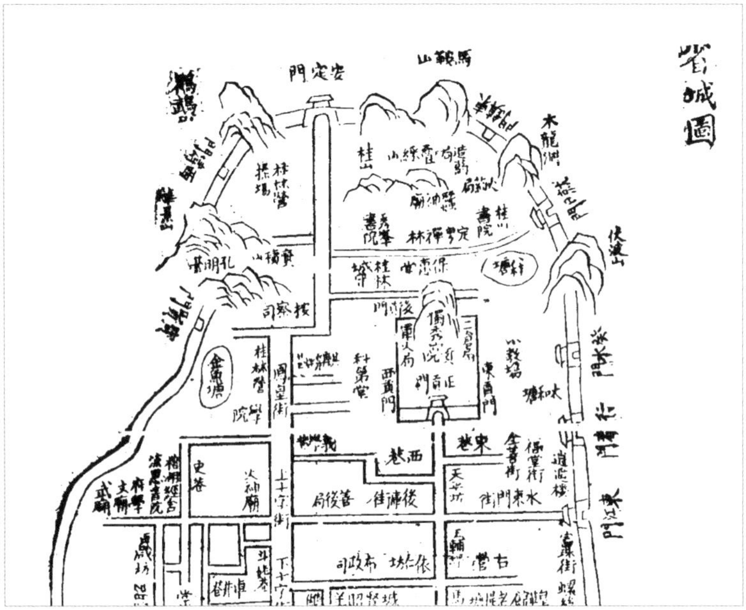

图 4：《省城图》——采自《广西通志辑要》光绪十五年（1889）

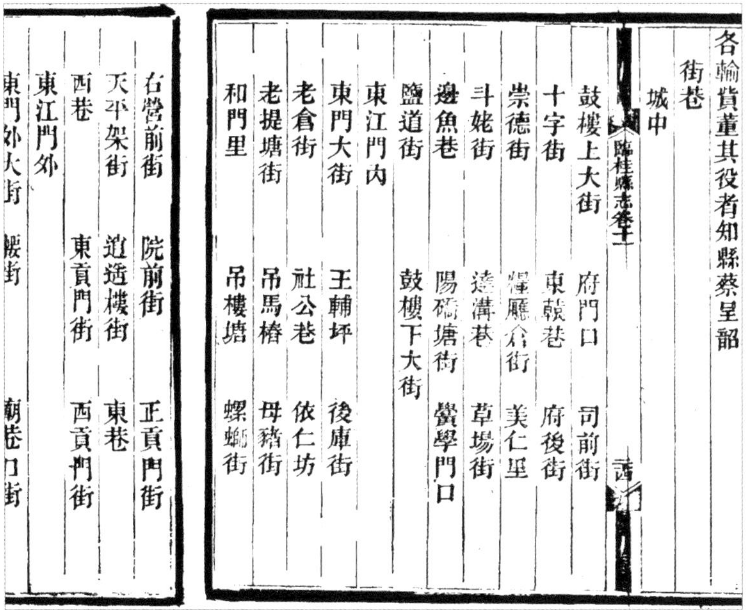

各輸貨董其役者知縣蔡呈韶
街巷
城中
鼓樓上大街　府門口　司前街
十字街　東轅巷　府後街
崇德街　糧廳衙街　美仁里
斗姥街　達溝巷　草場街
遊魚巷　陽橋塘街　黌學門口
鹽道街　鼓樓下大街
東江門內
東門大街　王輔坪　後庫街
老倉街　社公巷　依仁坊
老提塘街　吊馬樁　母豬街
和門里　吊樓塘　螺螄街
右營前街　院前街　正貢門街
天平架街　逍遥樓街　東巷
西巷　東貢門街　西貢門街
東江門外
東門外大街　腰街　廟巷口街

图 5：嘉庆七年（1802）修、光绪六年（1880）补刊的《临桂县志》卷十一

图 6、7、8：2013 年 8 月 30 日在正阳门附近出土的仁寿宫香炉

6 | 7 / 8

2013 年 8 月 30 日，有关人员对东巷街区的文物进行勘探时，在正阳门附近发掘出一只仁寿宫铸铁香炉，其上铭文显示年代为乾隆壬午年（1762），而此仁寿宫是江西人在这里建筑的建昌会馆附设（详见本书第三部分中仁寿宫与建昌会馆）。据此或可以推测——1762 年这里就有民居了。但究竟是仅为与城墙保持一定距离的房屋，还是已经形成两旁都是民居的巷道，还需更多实证。

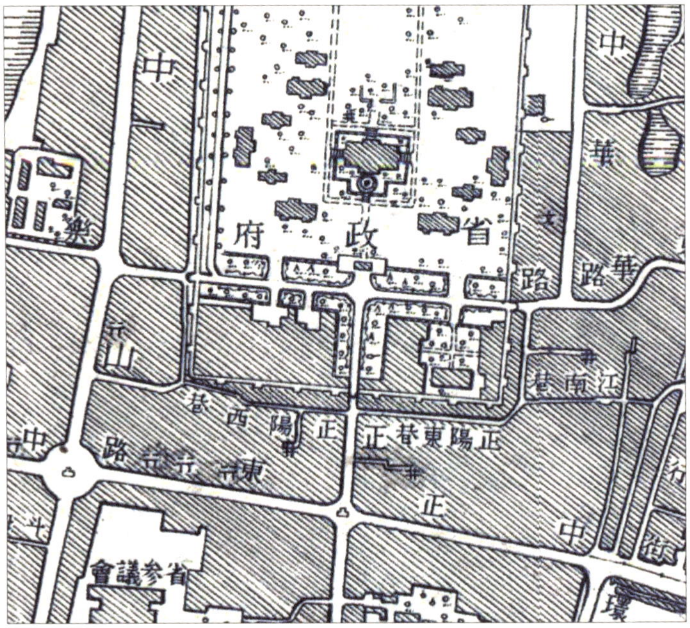

图 9：民国三十六年（1947）《桂林市城市图》

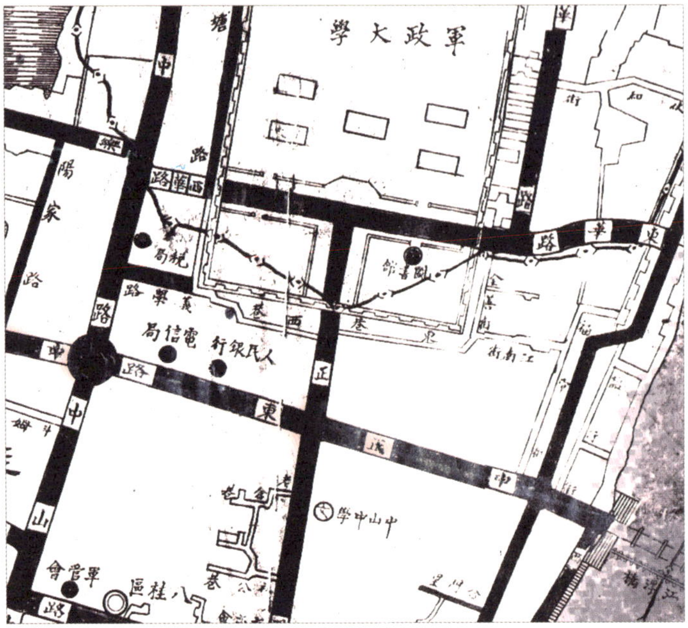

图 10：1949 年《桂林市中心区图》

从以上地图及桂林市地名录等相关资料我们可以知道：

清末时东、西巷名为“正贡门街东、西巷”；民国时期称“正阳东、西巷”；中华人民共和国成立初期称“东、西巷”。仁寿巷在清及民国时期均称“仁寿巷”。现江南巷在清及民国时期，西段称“全善街”，东段称“江南街”，新中国成立初期分别改称“全善巷”和“江南巷”。

“文化大革命”期间，桂林街名“一片红”，许多街名被改成像“战斗巷”“战胜里”“反封路”“更生路”“永红路”“群力路”等具有浓厚“文革”色彩的街名。1966 年，仁寿巷、东巷分别被改为解东一、二巷，而西巷及其西端的义学巷分别被改为红旗一、二巷；江南巷、全善巷和兰井巷分别被改为反封一、二、三巷。“文革”结束后，1979 年桂林市所有门牌被全部换掉，路巷名基本恢复原名——东、西巷复名为正阳路东、西巷，义学巷并入西巷（在 1998 年城市大建设中，西段基本已成楼房和停车场）；反封一、二巷（原江南巷和全善巷）合并为江南巷；解东一巷、反封三巷也复名为仁寿巷、兰井巷。

图 11：1991 年桂林市区图

东、西巷的得名应该源于其分居正贡门的东、西两边；仁寿巷则得名于巷内原有的仁寿宫及仁寿井；江南巷的得名源于其巷口有一江南会馆；而坊间流传兰井巷的得名源于该巷原有一井，井旁有兰花和玉兰树。

图 12：正阳门外（2013-04-10）

图 13：正阳门（2013-04-07）

图 14：正阳路东巷口　李新华摄
（2012-03-13）

图 15：正阳路西巷口
（2013-03-11）

图 16、17：正阳路仁寿巷口
（2013-03-11）

一 老巷肌理

当我们走近一个街区、一条老巷的时候，往往总是其肌理首先影响到我们对她的感觉和印象，尽管许多人不曾觉察到这种影响的存在。巷道的走向、立面的结构和材质、建筑的形式等等，让我们对这里的风格、氛围获得了第一感受。

图 1-1：俯瞰西巷街区（2013-05-13）

图 1-2：王城东南角与东巷街区（全景扫描式拍摄）（2013-03-06）

图 1-3：俯瞰东巷街区（接片）（2013-03-20）

图 1-4、5：东巷南立面（单号）、北立面（双号）（2013-04）

图 1-6、7：西巷南立面（单号）、北立面（双号）（2013-04）

图 1-8、9：江南巷单号立面、双号立面（2013-04）

图 1-10：仁寿巷立面（2013-04）

图 1-11：兰井巷立面（2013-04）

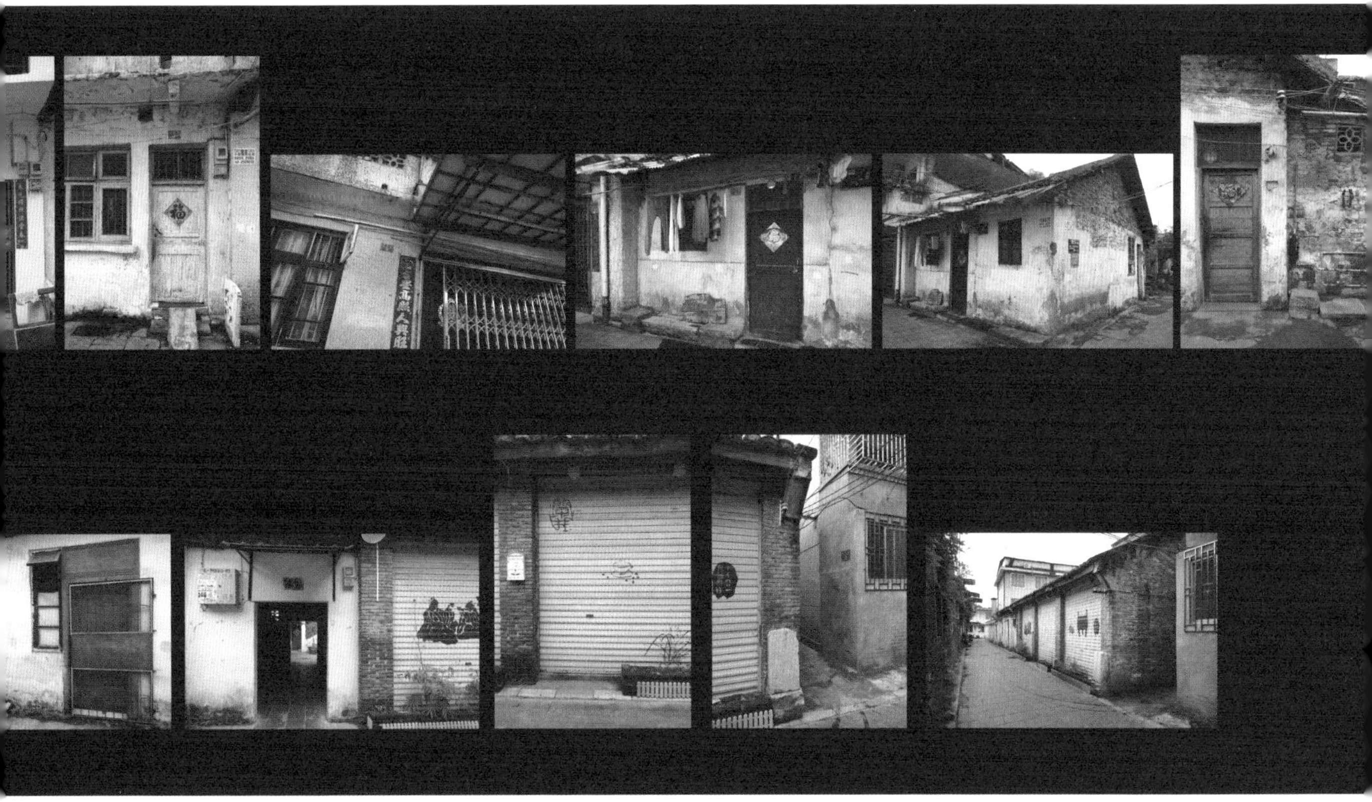

图 1-12：俯视东巷（朝西）（2013-03-20）

图 1-13、14：俯视东巷（朝东）（2013-03-20）

图 1-15：俯视东巷（局部）（2013-03-24）

图 1-16：俯视东巷（局部）（2013-03-24）

图 1-17：俯视东巷街区（朝西）（2013-03-20）

图 1-18：向西俯视东巷街区，远处为西巷西端的天主教堂及中山中路现代建筑（2013-03-20）

图 1-19：东巷 12 号瓦顶（2013-04-18）

图 1-20：东巷 18、20 号瓦顶及山墙（2013-03-20）

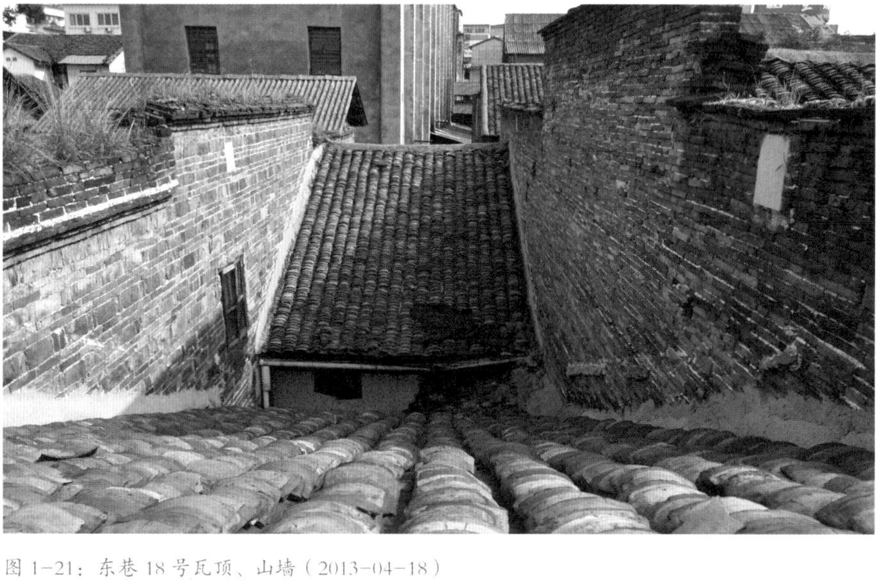

图 1-21：东巷 18 号瓦顶、山墙（2013-04-18）

图 1-22：大雨后的东巷（2013-05-24）

图 1-23：东巷东端转角处东巷 2 号的砖墙（全景扫描式拍摄）（2013-03-28）

图 1-24：东巷巷道立面（2013-04-14）

图 1-25：东巷老墙（2013-03-28）

图 1-26：东巷西口（2013-03-13）

图 1-27：东巷雨后（2013-05-06）

图 1-28：东巷雨后（2013-05-06）

图 1-29：东巷 16 号外墙（2013-03-29）

图 1-30：东巷 4 号外墙（2013-04-17）

图 1-31：夕阳下的东巷，两边不同时代的墙面形成对比与映衬。（2013-05-22）

图 1-32：俯视东巷 13 号小巷（2013-04-18）

图 1-33：仁寿巷口山墙立面（2013-04-15）

图 1-34：仁寿巷墙面（2013-06-15）

图 1-35：短小的兰井巷路面已换成现代石板铺装。（2013-03-26）

图 1–36：兰井巷（2013–03–04）

图 1–37：兰井巷雨后（2013–05–06）

图 1-38：江南巷东段（2013-04-18）

图 1-39：正阳路西巷（2013-03-04）

图 1-40：西巷东口（2013-04-08）

图 1-41：西巷 10 号（2013-04-08）

图 1-42：正阳路北段东侧（2013-03-11）

图 1-43：正阳路北段东侧（2013-04-18）

正阳路北段西侧

44 | 45
46 | 47

图 1-44、45、46、47：正阳路 37、39、41、43 号（2013-04-10）

正阳路北段东侧

48	49
50	51
52	53

图 1-48、49、50、51、52、53：正阳路 64、62、60、58、56、54 号（2013-04-07）

正阳路北段东侧

54 | 55
56 | 58
57

图 1-54、55、56、57、58：正阳路 52 号、50 号、48 与 46 号、44 与 42 号、40 号（2013-04-07）

图 1-59、60：正阳路 38、36 号（2013-04-07）

图 1-61：正阳路解东路交叉口 （2013-03-11）

图 1-62、63：东巷街区解放东路立面（2013-04-07）

图 1-64、65、66、67、68、69：东巷街区解放东路立面（2013-04-07）

64 | 65
66 | 67
68 | 69

图 1-70：正阳路北段东侧（2013-05-24）

二 老巷建筑

纵横交错的巷道连通着街区，而一个个单体的建筑则是组成巷道和街区的基本元素。一条渐渐发育起来的老巷，又曾经历过战火兵燹，其建筑特点自然是各个时期的形制风格杂陈而非整齐划一，这恰恰让我们能在阅读老巷时感受到历史的变迁。

桂林城最后的古巷

传统桂林民居

地处南方的桂林多雨而湿润，林木生长繁茂，桂林传统的民居多为木结构。较简易的房屋梁柱均为木料，盖小青瓦，穷人甚至劈竹为两半当瓦盖或者用杉木皮盖顶，四周用竹木板壁合围，外墙用小竹木条编制再抹灰粉刷；稍好些的则用青砖砌就四角立柱，内隔断则多为木板间隔，靠道路的正面通常是能拆卸的木板，便于开店等各种营生。此种房屋穷人只盖一层遮风避雨，稍有钱的通常建二层，均为木楼木板壁，上面住人防潮且凉快，下面营生更为宽敞。

桂林城抗战时几近百分之九十九的房屋被毁，光复后只剩残垣断壁。东巷街区亦如此，除一些山墙仍存的房屋外，回城后的人民只能在废墟上重新搭建简易住房，这类房屋在现在的东巷街区仍有少量存留，不过外观上已经过多次修缮改造，一层的外墙基本都已改成砖砌了。

图 2-1、2：正阳路 64 号（2013-03-20）

图 2-3：东巷 14 号（2013-03-11）

4
5 | 6

图 2-4、5：东巷 34 号（2013-03-04）

图 2-6：东巷 34 号后院（2013-03-13）

图 2-7：东巷 13 号小巷尚有简易的骑楼和吊楼式建筑。（2013-03-07）

图 2-8、9、10：东巷 13 号小巷内的建筑（2013-03-07）

8
9 | 10

图 2-11、12：江南巷 19 号屋内的楼梯，竹子做的柱子、瓦梁（2013-06-20）

江南巷北段（原全善街）一带当年多为做铜锁的匠人以及其他做小生意的人居住，基本上是抗战时期桂林光复后回城的难民搭建的简易住房，与东巷相比要简陋得多。经过几十年的变迁，这里的房屋也不断被改造、重建。像江南巷 19 号这样仍留存有用毛竹做柱子、瓦梁的房屋已十分稀少了。

图 2-13：东巷（2013-03-28）

清末民初砖木结构房屋

清代以来，到桂林营生的外省籍人越来越多，尤其是清末民初，来自江西、湖南、广东等地的人将他们的建筑风格及工艺带到了桂林。这时候桂林日渐繁华，有钱人所建房屋多采用青砖砌筑外墙，讲究的还在头门处用水磨青砖，山墙高耸能隔风火，内分木构两层，中间通常有天井，门前及天井用大青石铺地，整体建筑风格较之桂林简易民居更为浑厚结实、整齐气派。大户人家更是将房屋建成几开间几进的深宅大院，院内花园假山，房屋雕梁画栋，营造出一派家宅小世界的舒适环境。现东巷街区仍存有利用战火过后残余山墙重建的这类房屋，甚至还有东巷 4 号、9 号、20 号等几处侥幸躲过日寇炸弹而保存得较为完好的建筑。

图 2-14：东巷 20 号（2013-03-29）

图 2-15：东巷 20 号天井（2013-03-20）

图 2-16：东巷 20 号（2013-04-14）

图 2-17：东巷 20 号水磨青砖外墙（2013-06-20）

图 2-18：东巷 20 号门檐上的木雕插拱（2013-06-20）

图2-19：东巷20号板门外边残留着原屏风门石雕门框（2013-04-17）

图2-20：东巷20号残留的屏风门石雕门框（2013-04-14）

图 2-21：东巷 20 号内部木结构（2013-03-24）

图 2-22：东巷 20 号（2013-03-24）

图 2-23：东巷 20 号　李新华摄（2013-03-24）

图 2-24：东巷 20 号（2013-03-24）

图 2-25：东巷 20 号（2013-03-24）

图 2-26：东巷 20 号（2013-04-29）

图 2-27：东巷 20 号（2013-03-24）

图 2-28：东巷 20 号木雕装饰雀替（2013-03-24）

图 2-29、30：东巷 20 号（2013-03-24）

图 2–31：东巷 4 号大门石框退缩山墙前端，留出进深一步，宽为通面阔，下铺青白石，上覆盖屋檐的门斗空间。（2013–06–20）

图 2–32：东巷 4 号门檐板及雀替雕花（2013–06–20）

与东巷 20 号直接在靠巷道的外墙上开门不同，东巷 2 号、4 号、16 号均在门前留有门斗空间，上覆盖小青瓦盖顶屋檐。

图 2-33：东巷 4 号天井瓦背（2013-04-18）

图 2-34：东巷 4 号天井内的过道石板已裂（2013-05-23）

图 2-35：东巷 4 号天井内的老石板雕花下水口（2013-08-08）

图 2-36：东巷 4 号后进靠城墙的天井（2013-05-23）

图 2-37：东巷 2 号的门簪（2013-04-08）

图 2-38：东巷 2 号墙角正是巷道转角处，下段的墙角被设置成圆弧面 （2013-03-28）

图 2-39：东巷 2 号第一进砖木结构房屋（2013-04-17）

图 2-40：东巷 2 号天井及第二进砖木结构房屋（2013-04-17）

图 2-41：东巷 16 号门斗空间（2013-04-08）

图 2-42：东巷 16 号门锁构件（2013-06-07）

图 2-43、44：东巷 16 号院内的立柱下端已朽，以砖加垫。
（2013-03-29）

图 2-45：东巷 28 号抗战后只剩大门右侧的条石门框和右侧厢房的前山墙。（2013-04-07）

图 2-46：江南巷 12 号“赞廬”的门斗空间，院内为上世纪中叶广西桂林图书馆所购房屋。（2013-05-27）

图 2-47、48、49 江南巷 12 号“赞廬”的门斗空间，院内为上世纪中叶广西桂林图书馆所购房屋。
（2013-05-27）

图 2-50：东巷 9 号院（2013-03-20）

东巷 9 号院为岑家（岑毓英、岑春煊）大院残存建筑（参见本书第三部分《老巷寻迹》第 6 节《岑家大院》）。现建筑高为八米左右，由六六三十六根圆木立柱构成五开间，木柱径粗盈尺，下有圆形石柱础，梁枋、檐板处深雕花饰，为清末所制。但是，靠东巷的墙明显是后来砌的。新中国成立后，此处为房地局管理的公房，原建筑被分隔成了五户，并在靠东边的院门处加建了一户 1-1 号拼接在老建筑上，后来又相继在此建筑的西边加了 1-7 号和 1-8 号。

图 2-51：东巷 9 号院二楼（2013-06-25）

据此地老住户章国宝先生（1956 年生）说：

章家很早就住这里了，中间那空的楼是后来加的，那里原来是有香火台的。原来各家的楼梯在屋里，廊檐这边是空的，小孩可以撑着柱子往上爬，他们经常比赛谁爬得快。后来各家人口多了，才把楼梯移到廊檐来。靠东巷那边的老墙原来没窗户，后来大约在 19 世纪 60 年代歪斜了，才拆了重新砌墙并开了窗户。

1-1 号先有，1-7 号那里原来只是一间披厦，后来改建成两层楼了；再后来房地局又接着在 1-8 号那里建了两层楼。

此残存建筑究竟是原岑家大院的后门，还是家庙、塾馆？留待后面第三部分再做详细分析。

图 2-52：东巷 9 号院（2013-03-20）

图 2-53：东巷 9 号院（2013-03-20）

图 2-54：东巷 9 号院改造的二楼（2013-03-20）

图 2-55：东巷 9 号院改造的二楼（2013-03-20）

图 2-56：东边加建的一开间为东巷 9 号 1-1（2013-06-25）

图 2-57：东巷 9 号靠东巷的墙均为后来加建（2013-06-25）

图 2-58：东巷 9 号院梁枋木雕装饰（2013-06-25）

图 2-59：东巷 9 号院梁枋木雕装饰（2013-06-25）

图 2-60：东巷 9 号院梁枋木雕装饰（2013-05-06）

图 2-61、62：东巷 9 号院梁枋木雕装饰（2013-06-25）

图 2-63：东巷 9 号院梁枋木雕装饰（2013-03-20）

图 2-64、65、66：东巷 9 号院梁枋木雕装饰（2013-05-06）

64
65　66

图 2-67：东巷 9 号院梁枋木雕装饰（2013-06-25）

图 2-68：东巷 9 号院梁枋木雕装饰（2013-06-25）

民国时期小洋楼

民国早期，外来建筑风格对桂林影响较大的是英殖民地建筑风格，例如民初的道生医院、三中建筑（后为广西省政府）。桂林的西洋式民居多为古典折中主义，桂林人称其为“小洋楼”。民国时期桂林市警察局局长马启邦在东巷9号（现东巷7号）建起了自家的小洋楼。但此楼因年久失修已成危房，按秀峰区安委办文件要求，房屋的主管单位于2009年7月28日已将其拆除。这里只能将几张前些年拍摄的照片放在这里，以飨读者。

图2-69、70：东巷7号 毛建军摄（2009-05-17）

图 2-71：东巷 7 号 毛建军摄（2009-05-17）

新中国成立后单位建砖混楼房

新中国成立后，随着经济情况的好转，单位的人员也不断增多，东巷内一些单位拥有的平房就陆续被改建成二至四层的砖混结构楼房，如原地区医院（现桂林市博爱医院）的东巷 3 号院，市教育局的东巷 7 号院、11 号院，医药批发站的东巷 24 号等等。这样一方面使土地利用率大大提高，能容纳更多的人家居住；另一方面也提高了房屋质量，增添了生活配套设施，使居住条件大为改善。还有一些集体拥有的房屋被改造成工厂，如江南巷 4 号的熊同和药号被改建成制药厂，江南巷 2 号、7 号被改建成第五塑料厂厂房及宿舍楼，等等。在当时的历史条件下，基本不考虑对街区历史文化的保持和传承，因此，这些砖混结构的楼房与老街区的风格完全不同。

图 2-72：东巷 3 号院（2013-03-20）

图 2-73：东巷 11 号（2013-05-06）

图 2-74、75：东巷 3 号院（2013-05-06）

图 2-76：东巷 24 号（2013-04-14）

图 2-77：东巷 5 号院二层楼房（2013-05-06）

图 2-78、79：东巷原体育用品厂大楼（2013-05-06）

图 2-80、81：东巷 32 号原街道工厂仓库（2013-05-06）

图 2-82：江南巷 1 号纺织公司经理部楼房（2013-05-06）

图 2-83：江南巷 7 号原第五塑料厂宿舍楼（2013-03-06）

二十世纪中后期居民自建砖混结构房屋

图 2-84：东巷街区内部各种自建房屋（2013-03-20）

抗战后，多数东巷居民没钱重建原有住房，只是在战后残留房屋的基础上进行简易搭建。其后，随着经济状况的好转才不断进行翻修。改革开放以后，百姓生活日渐富裕，经济实力大大增强，加上人口不断增多，居民便根据自身情况因地制宜地加建、扩建住房。实力雄厚者更是重建砖混、钢混结构的新房。因没有统一规划，各家情况又千差万别，这些房屋也与老街区的原有风格差异甚大。

图 2-85：东巷 8 号后加建的房屋（2013-05-06）

图 2-86：东巷 1 号的自建房屋（2013-03-13）

图 2-87：东巷 16 号加建的房屋（2013-05-06）

图 2-88：东巷 10 号的自建房屋（2013-05-06）

图 2-89：东巷 13 号与正阳路之间的自建房屋（2013-04-22）

图 2-90：东巷 26 号的自建房屋（2013-05-06）

图 2-91：江南巷 8 号的自建房屋（2013-05-27）

图 2-92、93、94：一些自建房屋已超越王城城墙（2013-04-18）

91 92
93 94

以上是几类区别比较明显的建筑，从某种角度来说，这些不同时期、不同风格的建筑汇集在东巷街区，正呈现出历史在老街区留下的不同痕迹。

房屋建筑与城墙

1949 年以前，东西巷街区靠城墙的房屋虽贴近城墙但高度均未超过城墙。

图 2-95：东巷 22 号与城墙（2013-03-24）

图 2-96：东巷 20 号后院与城墙（2013-04-18）

图 2-97：东巷 20 号后院与城墙（2013-04-18）

图 2-98：东巷 24 号西边山墙与城墙 王树勤摄（2013-03-24）

图 2-99：正阳门东城墙与东巷街区房屋（接片）（2013-05-22）

王 城

100 | 101

102

图 2-100、101、102：正阳门东城墙与东巷街区房屋（2013-04-18）

图 2-103：正阳门西城墙与西巷街区房屋（2013-04-08）

图 2-104：江南巷房屋与城墙（2013-04-18）

廉租公房

在新中国成立后的社会主义改造中，许多房屋收归国有，由房地局作为廉租公房出租管理。东西巷街区的一些院落亦有此类房屋，并在不同时期进行过不同程度的改造与修缮。

图 2-105、106、107：江南巷 10 号院（2013-03-13）

墙界碑

图 2-108：东巷 14 号西面“蔡姓墙界”碑（2013-03-13）

图 2-109：东巷 20 号东面“覃姓墙界”碑 王芬宁摄（2013-03-24）

图 2-110、111：东巷 34 号“童姓墙界”碑（2013-03-27）

西巷的宗教建筑

图 2-112：西巷的天主教堂（2013-04-22）

图 2-113：西巷的天主教堂（2013-05-22）

图 2-114：西巷的天主教堂（全景拍摄模式）（2013-04-22）

图 2-115：西巷的清真寺（2013-04-22）

其他

图 2-116：西巷巷道里的“泰山石敢当”（2013-04-08）

图 2-117：西巷 10 号里的石雕物件（2013-05-13）

图 2-118：西巷残墙（2013-05-13）

图 2-119：正阳路北段东面的商铺（2013-04-15）

图 2-120：位于解放东路与仁寿巷之间的"鸿庆隆"是桂林食品加工的老字号，后归于桂林市糖业烟酒公司。拍摄时，该厂的烟囱还依然矗立着。 王芬宁摄（2013-03-24）

三 老巷寻迹

年代稍久的老巷，经历过历朝历代的风风雨雨而不被湮没，总是有她的道理的。讲风水也得，说灵气也罢，在老巷漫长的历史中，多少都会留下一些闪亮的痕迹。

东西巷街区位于靖江王城南面，东面不远即是自北向南流淌的漓江，东南面紧靠东江门，是过往商贩和行人通行的要津。明朝时期，这里是王府的“左祖右社”；清朝将王城改为贡院后，王城成为了全广西省的科举考试中心；民国时期，王城是广西的省政府驻地，因而这里一直是老桂林城的中心，历来被认为是风水宝地。清后，在此建宅居住的商贾大户、达官显贵不少。旧时著名的桂山书院、秀峰书院在靠近王城北面的叠彩山前，因此，王城周边也是文人喜居之地。坊间流传东巷街区曾经居住过不少名门望族、官宦显要，如岑（岑毓英、岑春煊）家大院，马启邦旧居，龙氏家族、谢氏家族家宅，还有在桂林的声望堪比北京“同仁堂”的“熊同和”药房，以及广东会馆、江西会馆、仁寿宫等等。对这些尘封已久的历史，我们一一来探寻真相。

“兄弟翰林”龙氏家宅旧址

桂林的龙氏家族是桂林著名的书香门第之一。祖居临桂县两江镇信果村委会村头村的龙家，自龙献图开始，便从务农世家转变成了一个延绵二百多年的读书人家，先后出了龙献图、龙寅绶、龙朝言、龙朝翊、龙泽厚、龙潜、龙九经、龙六纬等多位知名人士。据《桂林易安堂龙氏家谱》[1]记载并参考相关史料：

龙献图（1755—1838），字则之，号雨川。1780年二十五岁时中乾隆庚子科举人，其后几经赴京会试落第，便在家乡教馆授业。嘉庆戊辰年（1808）五十二岁时大挑二等，被选授平乐县教谕，十年后调任云南盐法道库大使，六十九岁告老还乡。龙献图一生酷爱诗文，著有诗集《易安草堂诗草》《耕余草》《宦游小草》《归田草》等。清道光十六年（1836）的广西巡抚梁章钜主持编辑的历史文化诗史《三管英灵集》中收入了他的二十六首诗。龙献图为官前长期在家乡执教，与清代名臣陈宏谋的玄孙、“三元及第”的陈继昌的父亲及叔叔交好，陈继昌少年时亦曾受其提点。

龙寅绶（1820—1894）是龙献图次子，字云叔，号又村。咸丰丙辰年（1856）中举并于同治元年（1862）赴京会试，大挑一等，被分发到江苏为官，历任清河、句容等县知县。

1　《桂林易安堂龙氏家谱》由龙氏家族成立的编写组根据查阅到的史料等编写而成，于2007年8月印行。

光绪二年（1876）五十六岁时，其长子龙朝言中翰林并到山西为官后，他辞官回到了家乡。龙寅绶为龙家做出的一个重大决策，就是于光绪三年（1877）带着他年幼的四个儿子（朝典、朝翊、朝辅、朝彦）和一个已十七岁的长孙龙泽厚，举家搬迁到桂林定居。无疑，此举为龙家的子孙能获得良好的教育和成长环境起到了极其重要的作用。龙家的后辈都先后就读于桂林的各大书院，龙泽厚在秀峰书院以“雄于文”著称，二十八岁时以光绪戊子科优贡，朝考一等，分发四川补用知县；龙朝翊先后就读于秀峰书院和桂山书院，二十岁中光绪辛卯科举人，二十七岁时成为光绪戊戌科进士、翰林院庶吉士[1]。

“到桂林后，曾祖父把家安在桂林王城正阳门外的东巷。”“后来在东巷巷口竖立了一块大石碑，上面刻着‘兄弟翰林’四个大字，这是褒奖龙朝言、龙朝翊兄弟的功名碑。”

（引自《桂林易安堂龙氏家谱》）

龙朝言（1837—1896）是龙寅绶的长子，字小村，号子敷。同治六年（1867）丁卯科乡试中举人，此后近十年在教馆里教书，曾任教于灵川县九屋江头洲村的爱莲书院。光绪二年（1876）丙子恩科中进士，入翰林院为庶吉士，后改授山西夏县、崞县知县。1882 年任山西乡试考官，钦加五品衔。龙朝言是个淡泊名利的人，不到五十岁就告病辞官回到桂林。不久任桂林四大书院之一的经古书院山长，直到去世。

龙朝翊（1871—1922），学名龙焕纶，字少云，号赞侯。光绪十七年（1891）辛卯科中举人，光绪二十四年（1898）戊戌科中进士，也入翰林院为庶吉士。清末，龙朝翊曾任过广东饶平县、澄迈县知县。龙朝翊是一个热血青年，1894 年末和 1897 年初康有为两次来桂讲学时，他都是积极参与者，与康有为过从甚密。1898 年，清廷的腐败，列强的掠夺，激怒了参加会试的各省学子，他们发起了史称“第二次公车上书”的运动，龙朝翊当年在北京参加会试，也是积极参与者。民国初年，龙朝翊先后任广西省议员、桂林统税局局长、广东省烟酒公卖局局长等职。

龙泽厚（1860—1945），龙朝言之子，字积之，是清末和民国时期国内有影响的知名爱国民主人士。他弃官追随康有为维新变法，《广西通志·人物志》等地方志对他的生平都有所记载。如《广西大百科全书》在清代文化人物条目中记：

龙泽厚：“清末维新人士，康有为弟子。字积之。临桂人。光绪戊子（1888）科优

1　清朝每科殿试后朝考，选取庶吉士若干，进入翰林院学习三年。庶吉士无定员，一到三年后散馆考试，按成绩授馆职（编修、检讨），其余改部属或地方官员。庶吉士虽无翰林院正式官职，在翰林院仅有“半个翰林”之称，但民间皆以“翰林”看待。

贡，签发四川知县，调任广东翁源县知事。1892年拜康有为为师，入万木草堂读书，倾向新学和变法维新。1893年受康有为之邀，前往上海，共同策划变法事宜。与章炳麟、梁启超、程大璋、马君武等人结识，参加张祝君倡导的天足会，宣传妇女解放。1895（按：应为1894年冬）、1897年两次邀请康有为到桂林讲学，参与组织成立桂林圣学会和创办广仁学堂，宣传维新思想。同时撰写变法理论文章，在康有为主办的《广仁报》上发表。变法失败后，因与康有为关系密切，入狱两年。1900年参加唐才常召集的国会，被推举为干事，事败被通缉。后任上海商务局会办，加入兴中会，是唯一的广西籍会员。1903年在上海召集广西人士开会，声讨桂抚王之春借法兵平定会党。辛亥革命后，历任广东潮汕大学堂监督、广东教育厅课长、广东工商业局局长等职。抗战爆发后，任广西省教育厅课长、广西省高级顾问。将变卖祖屋所得款项捐给红十字会，作为医治抗日伤员费用。组织抗日长老团，号召社会募捐，并亲自绘画义卖，慰问前方将士，受到李济深的嘉奖。1945年10月病逝。[1]

龙家后人中还有与侄儿龙泽厚同为康有为门生，并担任宣传维新变法的《广仁报》主笔的龙朝辅；担任过广西省立桂林图书馆馆长的龙潜（龙泽厚之子，原名龙宗荫）；先后担任过广西绥靖公署少将级文职、永福县县长、榴江县县长，新中国成立后担任桂林市政协委员、广西文史研究馆馆员的龙泽应；致力于维护女权和妇女解放事业的女法学家龙九经（龙泽厚之女）；更有一生为人高洁的得道高僧释宽能法师（龙泽厚之女龙六纬）。

龙六纬（1895—1989）是龙泽厚之女，1895年农历十月二十日生于上海，1910年于广州女子师范学校毕业，同年因病在家休养。1921年在上海就医时，在道德社抄写佛经，听玉佛寺梅光羲居士讲唯识论，接触佛教教义。1924年到北京民国大学经济系求学，不久后退学回家。之后，先后在南京政法讲习所、南京女子中学任职。1931年在上海灵学会抄经，参加佛事活动，后皈依净土宗第十三代祖师印光法师，赐名智超。在上海、南京两地时，常听太虚、圆瑛、度厄等老法师讲经，结合所学编写《三乘教义》一书，1935年由中华商务印书馆作为“佛教小丛书”之一出版发行。抗日战争全面爆发后，与父母兄长回桂林。1944年日军攻占桂林后，1946年流落梧州西竺园。1947年到广东曲江南华寺受具足戒，披剃出家，戒师为虚云和尚，赐名宽能，法号妙虚；得到虚云和尚器重，获传云门宗法脉，为该宗第十三代传人。1949年10月，应桂平佛教界恳请，任洗石庵住持。曾于1955年、

1 广西大百科全书编纂委员会编：《广西大百科全书》，《历史》（下），601页，北京，中国大百科全书出版社，2008。此记载与1944年12月出版的《广西百科全书》大致相同，更为详尽。

1961 年两次给毛泽东主席寄茶叶，中共中央办公厅秘书室受毛泽东委托回信表示感谢，并鼓励她发展西山茶生产。曾当选中国佛教协会常务理事、自治区政协委员、桂平市政协副主席。1989 年 9 月 27 日圆寂。火化得舍利三颗。[1]

据《桂林易安堂龙氏家谱》记载，1937 年抗战爆发后，龙泽厚回到桂林定居。因自 1877 年龙寅绶带领全家搬迁到东巷以来，龙家已历经六十年繁衍，老宅已难以容纳大为增多的子孙，所以到了 1941 年，龙泽厚五个堂兄弟决定将东巷的旧宅卖掉，最终完全分家了。

那么龙氏家族在桂林东巷的老宅究竟在什么位置呢？这个问题成了许多关注东巷历史的人的欲解之谜。

不少网文互相转抄，说现在的东巷 1 号是“兄弟翰林”龙朝言、龙朝翊的旧居。经调查，此处现居住的龙家是新中国成立初期广西省工商联第一、二届执行委员会副主任委员龙德懋的子女，他们是上世纪 50 年代才在此建房居住的。然而，龙德懋家族体系与龙朝言不是一支。街坊都说新中国成立初期这里是瓦砾堆，后来曾办了一个织布厂，转角处便是江南小学的后门。

龙家后人龙宗甲于 2008 年写的《桂林东巷龙家》一文中说道：

桂林王城正阳门外的东侧有一条古老的小巷——东巷。从前巷子口立有一块石碑，刻有‘兄弟翰林’四个大字，指的是我大爷爷龙朝言和三爷爷龙朝翊两兄弟。龙家坐落在巷中尾段南侧的拐弯处。据我大姐回忆，这是一座高深的庭院：门楼上挂着几块高脚牌，上面刻着‘肃静’‘回避’等字。偌大的祖屋是木结构的，六开间三进，雕花的门窗，石礅子撑着的大柱，显示着它的气派。进门后是一个大天井，中间是一个花岗岩大金鱼池，两旁分别种有一株腊梅和柑橘树。天井的左右两边的厢房均为三开间的两层楼房，左边第一间是佛堂；右边第一间是管家住房，中间是横厅，厅内两旁是紫云木的八仙椅，中间是雕花横床；第三间是藏书房，堆放着几十只上面刻着‘忆园藏书’字样的大木箱。天井的尽头是一个圆形的拱门，过了拱门便到正房，只见高台上供着祖宗牌位，下面的供桌上摆放银制的供具，一盏粉红色的水晶玻璃灯昼夜长明。后两进是父辈共四房人的住房。

以此看，并参考 1937 年的地图对此处地基划分（见图 3-1）进行分析：靠城墙的是巷子的北面，且进深很短显然不可能；现东巷 1 号（1937 年为东巷 18 号）占据 A 处北段部分，A 处地形狭长不规整，且门开在腰上朝西，也不可能；B 处是老门牌 16 号（现东巷 3 号为博爱医院宿舍大院），地形规整、南北纵深大，大门朝北开在东巷。对照与比较可知——目

1　广西大百科全书编纂委员会编：《广西大百科全书》，《当代人物卷》，477 页，北京，中国大百科全书出版社，2008。

前东巷3号院（博爱医院宿舍）与龙家后人描述的龙家老宅最为吻合。将现在的地图与此老地图对位，东巷3号院还超出B处西边一些了。

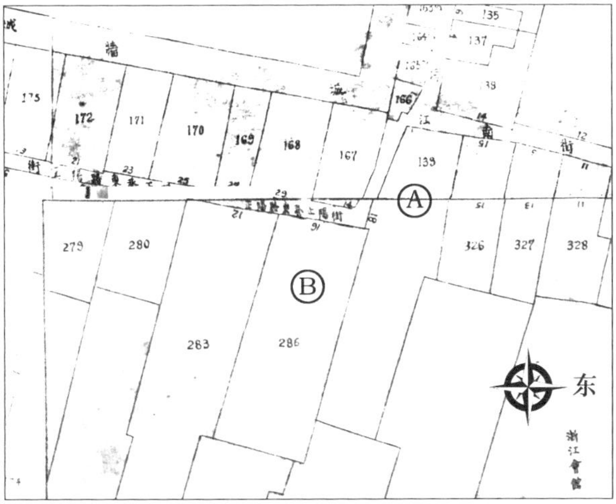

图3-1：1937年东巷转角处地形图

图3-2：图中右下的东巷3号院中的几栋楼房现为桂林市博爱医院宿舍。 王晶摄（2013-04-06）

图 3-3：东巷 3 号院内部场景（2013-06-07）

图 3-4：东巷 3 号院内部场景（2013-06-07）

图 3-5：东巷 3 号院内部场景（2013-06-07）

谢家大院

2010年，在幽静的兰井巷有一间咖啡屋开张，名字就叫作“兰井咖啡”。关注文化的张迪发现，这地方与当年的“红色间谍”谢和赓有关。经过多方采访，张迪发表了好几篇相关文章，引起了许多人对东巷、对谢家的关注。兰井咖啡门前立起了“谢和赓故居旧址”、兰井巷及东巷街区名人轶事的介绍碑（见图3–6、3–7）。这大概是近年来挖掘东巷街区历史文化的肇始。

清末至民国年间，桂林的谢氏家族在桂林可谓名门望族，既是书香门第，又积极参与政治，几代人出了多位政治人物。清光绪三十年（1904），谢启中会试第198名；殿试登进士二甲31名，后改庶吉士，授翰林院编修。此后参加同盟会桂林支部。中华民国成立后，担任广西大学堂教员。1921年孙中山到桂林筹备和发动北伐时，就曾住谢宅。

图3–6：兰井咖啡门前所立的“谢和赓故居旧址”碑（2013–03–04）

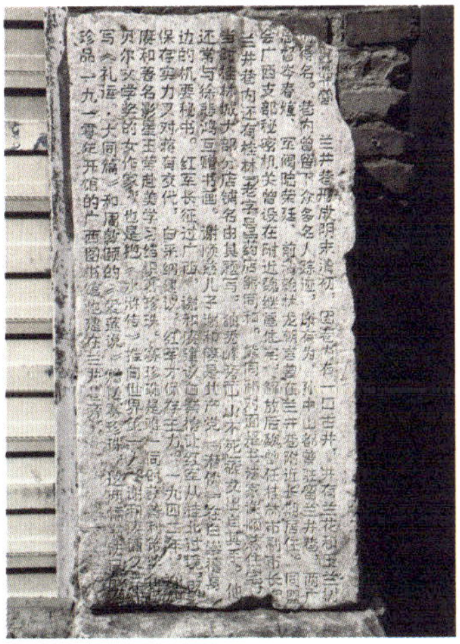

图3–7：名人轶事介绍碑刻（2013–03–04）

谢启中的长子谢顺慈（1874—1949）是清末的秀才，曾创办桂林从德女子学校，担任广西省立第二师范学校教师、桂林城第一区参议会议长、桂林慈善会会长、《桂林教育日报》董事、广西省政府咨议和参议等职。擅古文、工书法，是桂林著名的书法家，写得一手纯正的颜体榜书。1921 年孙中山之桂林行辕门楼题额“元首明哉”和中山公园（靖江王城内）纪念碑“中山不死”等字，均出自其手，可惜毁于战火，重建后为广西师范大学伍纯道教授等人书写。抗日战争期间，谢顺慈常与徐悲鸿互赠书画，结为挚友，有“书画二绝”之誉。所书周敦颐《爱莲说》（魏碑体）、孙过庭《书谱序》、赵文敏《兰亭十三跋》、《张迁碑》、《礼运大同篇》（颜体，为美国名作家赛珍珠所藏），均被誉为中国书法珍品。谢顺慈的思想是比较开放的，由此影响和教育了下一代，他的大儿子是诗人，二儿子谢铁民是革命组织“中国学社”的领导人，在“四一二”反革命政变中被国民党当局在桂林杀害。

谢顺慈的儿子谢和赓（1912—2006），笔名张诚、张春熙等，是中共秘密战线的传奇人物之一。1933 年，谢和赓在北平读大学时经宣侠父介绍秘密加入中国共产党，旋即奉命打入察哈尔民众抗日同盟军，先后任冯玉祥和吉鸿昌的秘书。后来党中央派他回到广西老家，利用家庭的关系及影响打入了桂系军阀上层，并逐步取得信任，1937 年 8 月任白崇禧机要秘书，兼任国民党大本营国防会议秘书等职。他是周恩来等人直接领导的“特密”地下党员，代号“八一”。1942 年，他被国民政府派往美国留学，中共则指示他在美从事调研和统一战线工作。1954 年底，在“麦卡锡主义”风潮中因“共产”嫌疑，谢和赓被美国移民局递解出境，于 1955 年回到北京，后曾任《世界知识》高级编辑兼欧美组组长等职。1957 年被打为右派，流放黑龙江，次年在周恩来等人的营救下回到北京。1967 年再次被捕，1975 年才被营救出狱，后在外交部工作直至离休。

那么谢宅是怎样的呢？确切的位置在哪？

谢和赓在《我读书的回忆》[1] 中记载：

少年时代，我家住在桂林王城边的东华门，有两进二层走马楼 39 间木制房子，四周有很高的封火墙围着。两进房屋之间有宽阔的雨亭，门前和后院有两个大花园，园中栽有多种果树和花木。

张美美在《孙中山在桂林轶事拾遗》一文中提到：

1921 年冬，孙中山来桂林的盛况空前……孙中山到桂林，头两晚住东华门外兰井巷瑞

1　谢和赓：《我读书的回忆》，载《中国图书评论》1996 年第 9 期第 18~21 页。

芝堂老谢家。……这老谢家的深宅大院紧靠东华门左手边，为清代木结构青砖房。高大的门楼四周是青砖到顶的封火墙，大院后门通兰井巷。此宅为五开间三进，中间那进房略大，住谢启中及大儿子谢顺慈家。因儿孙较多，两旁住老三谢睿慈、老四谢康慈。三进院落有宽敞的天井，有花卉鱼缸、假山盆景。房屋走廊披厦互连可通，下雨行走淋不湿身，屋后有花园。孙中山住的是谢康慈那第三进房子，靠近花园。（据谢睿慈女儿谢和瑾回忆）

2013年3月9日，张迪把谢和赓的儿子谢镛请到了兰井咖啡，谢家后人也来此与谢镛相会。当时笔者针对谢家老宅旧址问题对他们进行了采访了解，并用画示意图的形式请他们讲解。

对桂林历史相当关注和了解的华南理工大学古建筑学者林哲博士（桂林人）根据笔者的转述和相关资料，在老地图地基的基础上试做了谢宅格局位置分析：

上面将谢宅记述得比较清楚了，唯一要解释的是谢和赓提到的“两进”，讲的是谢顺慈的那部分，张美美写“五开间三进”讲的是谢启中的整个谢宅。

恰在一张上世纪30年代的老地图里绘有中华街和兰井巷，从这个范围来看谢宅所在，则“兰井巷1号”（上世纪30年代门牌编号）的可能性最大，其理由如下：

第一，唯有“兰井巷1号”贯穿“中华街”和“兰井巷”；

第二，唯有“兰井巷1号”的进深较大，能大致容下前院、头门、中厅、后座、后院，即前后院加三进院落；

第三，“兰井巷1号”开间较大，确能设计为五开间建筑；

第四，“中华街”和“兰井巷”中的建筑大多被“点划线”划开，成为不同的行政分区，说明房屋所有权是分开的，唯有“兰井巷1号”是完整的在一个区；

第五，谢文、张文两篇中均提到“很高的封火墙”，唯有“兰井巷1号”凌空面最大，所见墙体最多，因此会给人深刻印象；

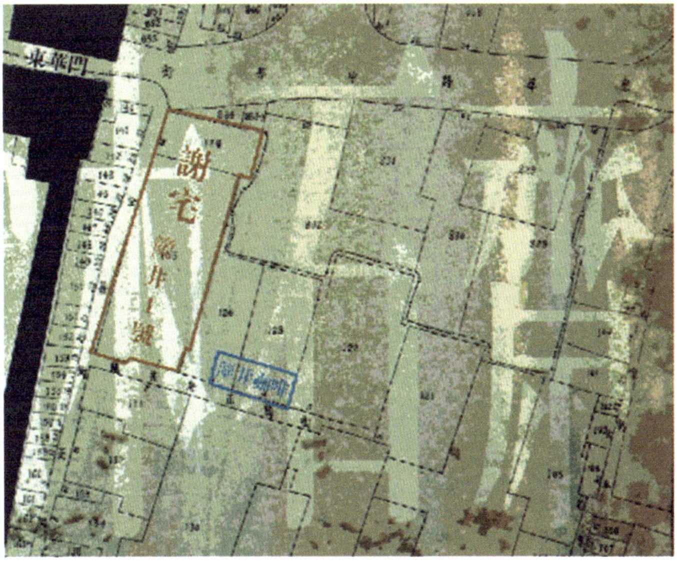

图3-8：林哲的“谢宅格局位置分析图”

第六，张文中提到“这老谢家的深宅大院紧靠东华门左手边”，“兰井巷 1 号”是兰井巷最贴近王城的大宅子。

林哲当时不在桂林，没有亲自参与采访和实地查勘，一些细节未能了解完整，故上图对谢宅内部格局未能画出。

图 3-9 为民国三十八年（1949）《桂林市年鉴》（易熙吾编纂）记载的要人住址，谢和赓的父亲谢顺慈住东华路 39 号。

据谢家后人明确描述，谢家后来是“品”字格局——谢顺慈家靠东华路，后面靠兰井巷的是谢康慈与谢睿慈两家。

后来查阅历史档案偶然发现另外的资料确证：谢家老宅正门在东华路，后分家形成“品”字格局。

综合以上信息，谢宅格局位置应如图 3-11 所示。

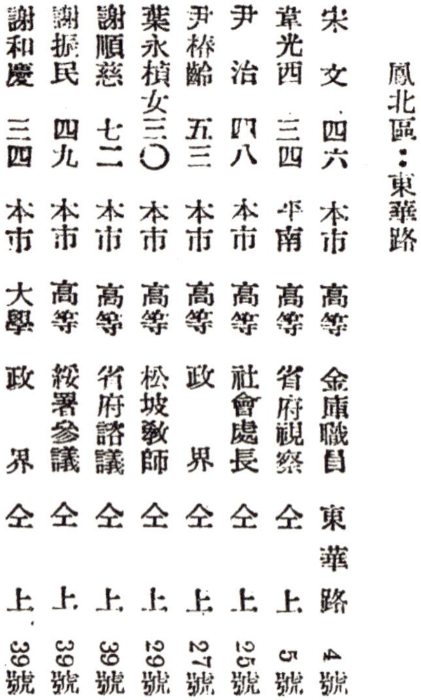
鳳北區：東華路

宋文	四六	本市	高等	金庫職員	東華路	4號
韋光西	三四	平南	高等	省府視察	仝上	5號
尹治	四八	本市	高等	社會處長	仝上	25號
尹椿齡	五三	本市	高等	政界	仝上	27號
葉永楨女	三〇	本市	高等	松坡教師	仝上	29號
謝順慈	七二	本市	高等	省府諮議	仝上	39號
謝振民	四九	本市	高等	綏署參議	仝上	39號
謝和慶	三四	本市	大學	政界	仝上	39號

图 3-9：《桂林市年鉴》记载谢顺慈住东华路 39 号。

图 3-10：从东华门上拍摄的谢家大院旧址现状（2013-04-18）

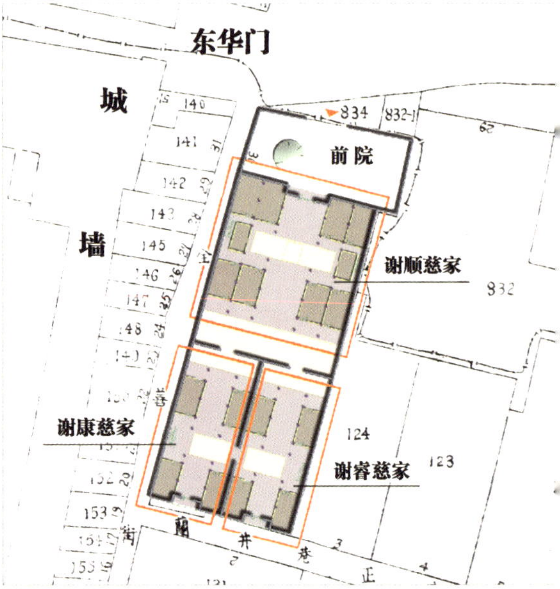

图 3-11：谢宅格局位置示意图

魏继昌旧居

魏继昌（1886—1974），字育清，别字默庵。原籍福建连城县，自父辈即来桂从事烟钱业。魏继昌十七岁应科举试考取县学生员，十八岁补廪生，二十一岁举优贡，二十二岁赴北京朝考取列一等，以七品小京官用。清光绪三十三年考入京师法律学堂学习法律，至宣统二年（1910）冬毕业。

宣统三年（1911）至民国元年（1912）曾任桂林商会总理[1]。宣统三年（1911）秋，武昌起义，广西宣布独立，建立广西军政府，魏继昌被任为高等审判厅厅长，兼法政学校教师，为广西同盟会桂林分会会员。民国二年（1913），任国民党广西支部桂林分部部长。1916 年至 1925 年追随林虎在广东从军。

民国十七年（1928）春至同年夏，应马君武之邀在梧州任广西大学秘书长。民国十七年（1928）秋至民国三十八年（1949）秋，在桂林任桂林中学高级班国文教员。

新中国成立后历任桂林市各界人民代表会议特邀代表、代表，市政协委员，市人民政府委员；广西省各界人民代表会议特邀代表、代表，省政协委员。1955 年至 1974 年任桂林市政协副主席。1958 年至

1 桂林市地方志编纂委员会编：《桂林市志》（上），《群众团体志》，564 页，北京，中华书局，1997。

图 3-12：江南巷 1 号大门（2013-03-28）

1974 年任桂林市副市长。

各方面说法基本统一：新中国成立初期的桂林市副市长魏继昌，家住现江南巷 1 号。

现江南巷 1 号残留的院墙及以三根大条石构成的大门说明此处是一大家族的老宅。

街坊都说魏家就是那院子。戴延兴（桂林市文联原副主席，桂林画院院长）曾住西巷，他说以前常到魏副市长家玩，就是那地方。

魏继昌在 1952 年 11 月写的《我的自传》[1] 中亦说“现住江南巷十七号”（即现在门牌江南巷 1 号）。

民国三十八年（1949）《桂林市年鉴》（易熙吾编纂）记载当时住在江南巷 7 号的都还是魏家人（见图 3-13）。

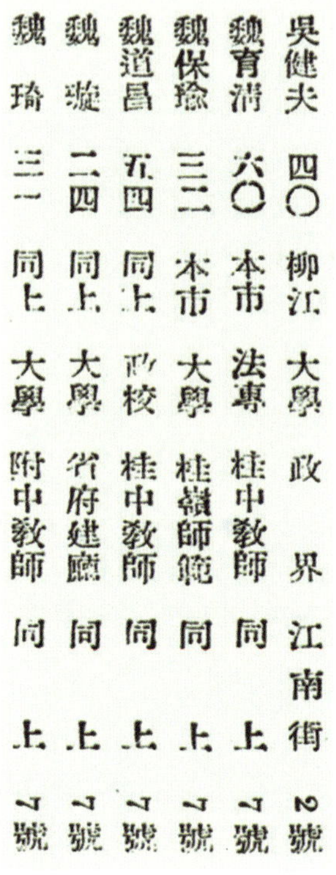

吳健夫	四〇	柳江	大學	政界	江南街2號
魏育清	六〇	本市	法專	桂中教師	同上7號
魏保琮	三二	本市	大學	桂嶺師範	同上7號
魏道昌	五四	同上	政校	桂中教師	同上7號
魏璇	二四	同上	大學	省府建廳	同上7號
魏琦	三一	同上	大學	附中教師	同上7號

图 3-13：《桂林市年鉴》记载魏家住江南巷 7 号（民国三十八年门牌）。

1　魏继昌：《我的自传》，载《桂林文史资料》第 7 辑，第 51~58 页。

图 3-14：江南巷 1 号大门上石制门柜与门框为一体雕刻（2013-05-06）

图 3-15：江南巷 1 号门框（2013-05-06）

图 3-16：江南巷 1 号院内已建楼房（2013-05-06）

马启邦公馆

马启邦，字叔莊，生于宣统元年（1909），桂林马氏一脉，是白崇禧夫人马佩璋的堂弟。民国二十五年（1936）毕业于北平内政部警官高等学校，回桂后历任南镇铁路工程局警察总所所长，柳州警察局局长，桂林市警察局局长。民国三十三年（1944）抗战时期任南丹县县长。抗战胜利后，民国三十五年（1946）调南京入警官高级研究班受训，结业后任内政部警察总署简任督导，负责督导湖南、广西两省警务。民国三十六年（1947）当选行宪第一届国民大会代表，民国三十七年（1948）调升广西省警保处处长[1]，后又调任桂林绥靖公署军简二阶办公厅主任[2]。新中国成立后马启邦移居台湾，1984年5月3日在台湾去世。

图 3-17、18：马启邦公馆现状（2013-03-20）

几乎众口一词说现东巷7号原来的小

1 广西壮族自治区地方志编纂委员会编：《广西通志 · 公安志》，南宁，广西人民出版社，2002。《大事纪略》中记叙："民国卅六年（1947年）7月6日，省保安司令部成立警保处，马启邦任处长。"

2 马天纲：《马启邦先生小传》，载《广西文献》2007年第115期。

洋楼（2009年7月因危旧拆毁）是马启邦的旧居。

易熙吾编纂的《桂林市年鉴》（民国三十八年版）中亦有马启邦住东巷9号（当时的门牌）的记载。

据街坊回忆：马宅原来的大门是有一层广东等沿海地区常见的趟栊门的，里面才是厚重的大门，不是现在这个样子。

图3-19：2007年6月15日在院子门口拍摄的东巷7号院

图3-20：马家厚重的大门上后来被住户改装的门锁（2013-03-24）

图3-21：马家的罗汉松还在（2013-03-24）

东巷 12 号

网络等各处转抄着“东巷 7 号对面的 12 号，曾经的主人是新中国成立前桂林最后一任市长韦瑞霖故居旧址”的说法。经查询，此说法来自韦瑞霖后人走过东巷时所说，未能确认。

韦瑞霖（1912—1998），字焕熙，壮族，永福人。诗人，书法家。民国时期曾任宁明、昭平、平乐、柳江县县长，1949 年 8 月从柳州调任桂林市市长。1949 年 11 月在临桂两江率桂林市警察大队接受改编，桂林和平解放。中华人民共和国建立后，历任中国人民救济总会广西省分会副秘书长，广西省人委参事室参事，“民革”广西区委副主委、主委、名誉主委，“民革”中央监察委员会常务监委，第五、六届自治区人大常委会委员，第一至第五届自治区政协常委、副秘书长，第六、七届自治区政协副主席，自治区政协文史资料委员会副主任、主任。著有《赤子吟》《后半生吟稿》《韦瑞霖诗书画选集》《实用诗韵》等。

据东巷 7 号对门的 10 号老住户曾定禄（1939 年生）忆述：

我父亲（11 岁时）在光绪二十几年就从湖南邵东到这里当学徒做木工，那时就住这里了。隔壁这家（现东巷 12 号）原来是块空地，那个老的喊韦德祖，原来老食品公司那一路的房子有蛮多家都是他的。他那房子交公了就到我们这里来搭建点披杉屋。他那房子是就着我们的山墙搭建的，原来没考虑到溅水的情况对我们的房子会有影响，就答应他：“好的，你起嘛。”一九五几年的时候，前面街坊开狗肉铺的时候还在这地方打狗的。韦家是一九六几年才在这里起的房子。

抗日战争前这里有房子，是开纸行的，躲日本人疏散的时候，有个小偷进那里想偷东西，打了个旋旋（桂林方言，意为兜了个圈子）发现没得东西，卯火淌了（桂林方言，形容人生气、发怒），就在我们后边厕所那位置打了个大洞，还在纸行那边点了把火，把我后面那两层楼都连带烧了去了，全靠我们前面这里有封火墙没被烧掉，只烧了后面那里。

追问：据说1949年8月到任的桂林市市长韦瑞霖曾经住过这里，你知道吗？

答：没有啊！应该不是在这里，不然总会有印象的。

据史料记载，韦瑞霖于1949年8月到任，此前在柳江县任职；1949年11–12月桂林解放，韦在百寿和临桂两江一带率警察接受改编。（具体细节可查桂林文史资料等）

综合以上情况分析：韦没有时间在东巷建房，东巷12号过去也不存在大户的建筑。以一个市长的地位来说，不太可能住那里。对门即是警察局长马启邦的洋楼，要住的话，最大的可能也只是借马宅暂居。

图3–22：东巷12号房屋现状（2013–04–10）

岑家大院

现在的东巷 9 号院为砖木结构的二层楼房，大木立柱径粗盈尺，梁枋、檐板上均有深雕繁复的纹饰，工艺精美，气势非凡，为大户人家旧居无疑。街坊众口一词称此处为“岑公馆”“岑家大院”。

据 1946 年就居住在现东巷 28 号的甘励贞说：

小时候看见岑家大院的太太小姐都打扮时髦，打着洋伞或者用名贵的苏杭团扇遮头，常有吉普车倒进巷子来接她们出去玩耍。岑家有个佣人认了我妈妈为干妈，有时会过来耍，聊天中也讲些岑家里的琐事。

据曾经住在东巷 13 号（原来是东巷 17 号）的王观盛（1948 年生）说：

小时候进过岑公馆，里面建得像红楼梦里面描述的大观园一样，有芭蕉树、假山等等。以前没水泥都是青石铺地。小时候有一次哥哥带着我从解放东路的一家铺子穿过，一走就进了岑公馆，然后一穿就穿到江南巷了。岑公馆很威风的，门洞很大，门洞进去是个院子。小时候大家都在那里歇凉聊天的，后来体育用品厂盖楼房占了那地方。

桂林日报社张迪 2011 年发表的《忽略的东巷》在网络流传甚广，其中的一段写道：

巷子内的 9 号，房子的第一任主人是岑毓英。据史料记载，当年岑毓英因镇压回民起义有功，被慈禧太后授予云贵总督。荣升云贵总督的岑毓英，千挑万选，最后在桂林王城正阳门左侧的王城跟前，坐北朝南建造了气派的岑府。当年岑家的大门在解放东路王城商厦以北斜对面处，后门就在目前的东巷 9 号处。后来，岑毓英的儿子岑春煊又因护驾有功，当上两广总督。他寒暑休息都居住在东巷。康有为与岑春煊私交甚好，当年康有为两次来桂林都住在岑府[1]。1904年，广西旧桂系的首领陆荣廷在南疆捕获了广西会党头目陆亚发，专程把陆押往桂林向岑春煊邀功，也曾在东巷9号居住月余。许多桂林人知道位于桂林南郊的雁山园是岑春煊的别墅，却很少有人知道东巷9号曾是岑春煊的老宅，岑春煊曾在这里韬光养晦。

其实，也不能全怪那些不了解东巷历史的桂林人，如今的东巷9号从外观上已经和普通民宅无异，但走进去细心察看，还是能从楼梯间看到残存的精致雕刻。岑春煊对清朝的影响与同时代的袁世凯不相上下，坊间曾有“北有袁世凯，南有岑春煊”的说法。

桂林市老一辈文物考古学者赵平先生2010年4月在《岑毓英在桂林的遗迹》一文中写道：

岑氏在桂林的踪迹，有文字记载的，可追溯到清光绪二年（1876）的前后。光绪二年前，岑毓英在昆明任上以镇压回民起义屠杀老百姓的“功劳”连获太子少保衔、一等轻车都尉，升官至云贵总督，并已在桂林水东门街建有宅第。光绪二年，48岁的岑毓英继母谢太夫人在西林病终。岑毓英七月启程奔丧，取道贵州镇远、湖南洪江，九月到桂林休整，十月离桂，十一月回泗城府西林县那劳村故里哭灵，丁忧三年。

光绪三年五月，他到了桂林，于宅第之旁，“增购地基，尊会典，立家庙，庙后为家塾，鸠工庀材费万余金，历三年而落成，又以万金置房屋田地，岁以租入为庙塾义产，后复撰立家庙碑铭，家塾四箴，并审订经费章程，编于族谱”。

岑府建筑甚为壮观，有三宪衙署的气魄。据近90岁的“老桂林”刘荣华忆述：西林岑大人的府第我进去过，清称宫保第，民国叫岑公馆，有家庙、塾馆。大门在今解放东路医药器材公司处，后墙伸到了东巷。雕梁画栋，大门额悬有“宫保第”匾，为五开间、三进深、二层的深宅大院。

《岑襄勤公年谱》中记载，“是月公命長子春榮次子春煦扶江夫人賴夫人柩歸粵卜地安葬於臨桂縣城東堯山先是公以西林距省會二千餘里子弟讀書應試既苦道遠又尠觀摩有僑居臨桂之意迺命二子於營葬後購宅於省垣水東門內仁壽宫井巷留居

1　此处似有误。据廖中翼关于康有为两次到桂讲学的忆述（《桂林文史资料》第二辑），康有为两次来桂讲学及居住都在叠彩山风洞左侧的景枫阁。

讀書迨公奉諱歸后增置田宅建立廟塾為長久計而以西林祖遺產業公之諸弟云”。此处明确了岑毓英因老家西林离省城临桂（今桂林）太远，岑家子弟读书考试不便，而且在老家也不利于开阔眼界，早就想到省城来买房居住了。因此在同治十三年（1874）八月，他让两个儿子在桂林尧山卜地安葬好两个夫人后，到水东门内“仁寿宫井巷”买房子留居读书。

《岑襄勤公年谱》还记载了（光绪三年）岑毓英扩建桂林宅第的情况（见图 3-23）。

图 3-24 清楚地表明，到 1937 年时，位于 A 处的东巷 6 号（现东巷 9 号为其中靠东巷的一小块），按地基看仍是这片区最大的地块，堪称豪宅深院。靠桂东路（今解放东路）的一面已被分割成了大小不等的七间，按旧时的岑公馆看，这里是原来的大门亦为合理——旧时的豪宅一般都有气派的门庭，门前留有开阔的地带，与赵平文中刘荣华的忆述“五开间、三进深、二层的深宅大院”亦吻合。

后来，这豪宅深院被逐步分割，1976 年桂林市体育用品厂的大楼就建在岑家大院之中，至今岑家大院只剩下一小块（见图中 B 处）为东巷 9 号院。

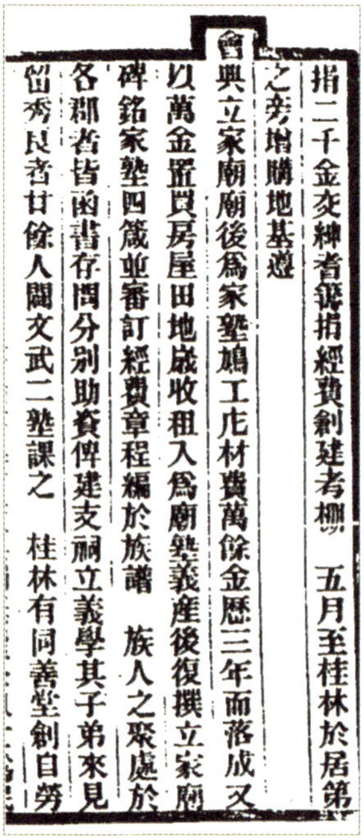
指二千金交紳耆襄捐經費剏建考棚 五月至桂林於居第
之旁增購地基遵
會典立家廟廟後爲家塾鳩工庀材費萬餘金歷三年而落成又
以萬金置買房屋田地歲收租入爲廟塾義產後復撰立家廟
碑銘家塾四箴並審訂經費章程編於族譜 族人之聚處於
各郡者皆函書存問分別助資俾建支祠立義學其子弟來見
留秀良者廿餘人闔文武二塾課之 桂林有同善堂剏自勞

图 3-23：《岑襄勤公年谱》片段

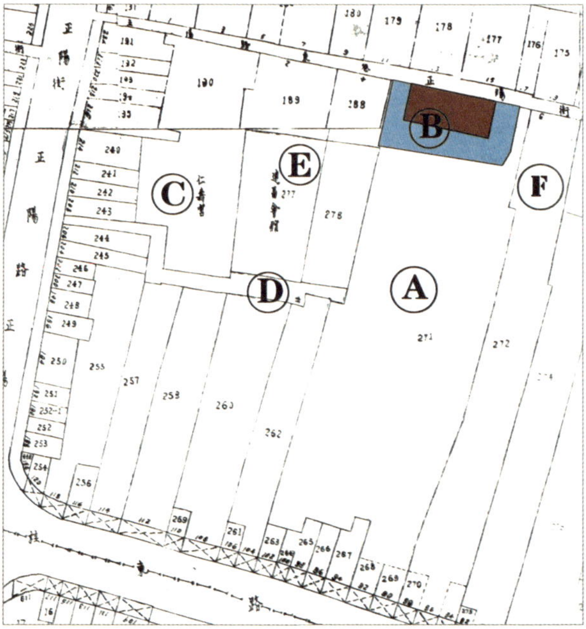

图 3-24：民国二十六年（1937）桂林城区测绘地图（局部）

图 3-25：昔日偌大的岑家大院如今只剩下不到十分之一的后院，似为其家庙后的塾馆，被改装为两层楼，里面住了 8 户人家，出口在东巷 9 号。（2013-03-20）

残存建筑在 B 处内框范围，原建筑为宏阔的五开间硬山青砖木屋，其明间较次间开间尺寸略大，尚存雕刻精美的封檐板等木构件，廊檐处各家的楼梯显然是后加的，靠东巷的后墙也明显不是原来的老墙。如此看来，此建筑似有可能是岑家后大门建筑。

据本书第二章第 2 节中老住户章国宝所述：

靠东巷那边的老墙原来没窗户，后来大约在 19 世纪 60 年代歪斜了，才拆了重新砌墙并开了窗户。中间那空的楼是后来加的，那里原来是有香火台的。

实地查勘该建筑，发现靠东巷的北面梁柱上并无像南面那样的雕花装饰，综合这些信息及实地查看情况，加上图 3-23 中的明确记述，推测该建筑应该是——岑家后院的家庙后的塾馆。

东边后加的 1-1 号住户描述屋内地面原为大块青石板，是否该处为岑家的后大门呢？

老街坊王观盛、曾定禄、甘励贞以及曾经参加体育用品厂大楼建设的曾广新等人均说岑家大院的门原来在此建筑的东边，建体育用品厂的时候才拆的。章国宝也说：

9 号院原来要从体育用品厂那边的老大门进出的，建体育用品厂大楼时才拆去，那老大门的木板门好厚，还有粗杠子的门，地面都是大石板铺的。大门那里好凉快的，街坊都喜欢到那里乘凉聊天。

将现状地图与 1937 年地图对位，体育用品厂大楼建在图 3-24 中紧邻 A 的 F 地块。难道 A、F 均为岑家范围？那为何 1937 年地图从中间划开？目前笔者尚未查到相关史料能对此有所解释。欲详尽准确解读这栋建筑，包括岑家后院门的谜团，还需古建筑专家进行细致的实地勘测以及调查取证。

岑家大院残存建筑虽已近于破败不堪，但那耸立的木柱、梁枋及檐口的精致雕花依然在悄悄显示着昔日的荣耀。

图 3-26：现东巷 9 号靠东巷面（2013-03-11）

图 3-27：东巷 9 号院内残存的大青石板（2013-05-27）

图 3-28：六六三十六根大木立柱径粗盈尺（2013-03-20）

图 3-29：梁柱及檐板均饰以精美繁复的木雕，应为清末所制，工艺精湛，具有很高的历史价值和艺术价值。（2013-05-06）

仁寿宫与仁寿井，建昌会馆与江西会馆

仁寿巷因该巷有座仁寿宫而得名，而巷内有口井也叫作仁寿井。图 3–30 为图 3–24 的局部放大图，图中明确标注了仁寿宫（C 处）与仁寿井（D 处）的具体位置。而仁寿宫后的 E 处是建昌会馆，为江西人所建[1]。后此处都是江西人建房居住，在仁寿宫与建昌会馆之间形成了一条北通东巷南接仁寿巷的小巷，其东巷出口为现在的东巷 13 号。街坊把这条小巷叫作“江西街”（据住在东巷 11 号院的朋老师讲述）。故大家把“建昌会馆”称为“江西会馆”，亦可以理解。

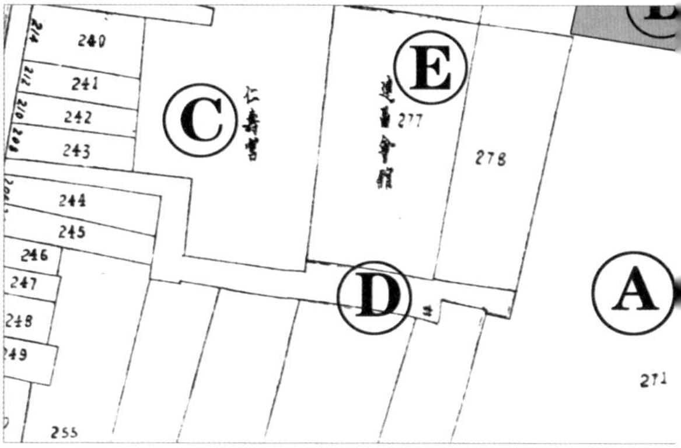

图 3–30：民国二十六年（1937）桂林城区测绘地图（局部放大）

祖籍在江西吉安的王观盛出生于 1948 年，其父辈上世纪 30 年代即到桂林谋生定居。据王观盛说：

1　江西人外出到全国各地谋生、经商的颇多，明清时期“江右（即江西）商帮”是全国十大商帮之一，财力及势力仅次于山西商帮和安徽商帮而排第三。赣商在各地建有许多江西会馆，以聚会联谊，团结扶助同乡，协调处理事务等。江西的南城、资溪、南丰、黎川、广昌等地人统称建昌人，他们所建的会馆常用“建昌会馆”这一名称，以区别于江西其他地区同乡。

图 3-31：建昌会馆旧址早已变成了东巷 13 号小巷。（2013-03-07）

从记事起我家就住在江南巷 16 号（以前的门牌），也就是现在江南巷 1 号的对面。1959 年搬到东巷 13 号（当时是东巷 17 号）来，与另外一个江西同乡在现在 1-4 的位置起了两栋连在一起的房子，楼上共有四间房，楼下有两间加一间半堂屋，大门口是两扇门的。桂林的江西会馆在原来的文山中学（文天祥字文山，该校为纪念文天祥的学校，后来改为滨江中学），也就是现在文华大饭店那里。现在的东巷 13 号往西是江西旅馆的房子，桂林光复后我亲眼看见那栋房子的墙上还残存了“馆”字和“旅”字的下半部分。东巷 13 号这片地原来都是江西会馆的地盘，所以许多江西人都在这里起房子。

据现仍住在东巷 11 号院的朋老师说：

以前东巷 13 号小巷道的拱门上有块招牌写着“香和旅馆”。

正如山西人建的会馆供奉关公、福建人建的会馆供奉天后娘娘一样，江西人建的会馆必供奉许真人[1]，通常在会馆的旁边还建有万寿宫或仁寿宫。据此推测，这里的仁寿宫、仁寿井应该同为建昌人所建。至于为何建昌会馆消失而形成东巷 13 号小巷，想必是抗战时期桂林沦陷，此处的建昌会馆及仁寿宫亦基本被毁，光复后流离失所的江西人在原来的地盘上

1　许逊（239 ~ 374），字敬之，晋代著名道士，南昌县（今属江西）长定乡益塘坡人，道教净明道、閤山派尊奉的祖师，许逊于晋太康元年（280）出任旌阳（今属四川）令，人称许九郎、许旌阳、旌阳祖师、感天大帝，又称许天师、许真君。江西南昌民众及许姓人士，常视许逊为保护神。

图 3-32：仁寿宫残余部分破败的瓦顶（2013-04-14）

逐步建设栖身之所，以避风雨，但已无力再重建会馆及仁寿宫了。

据王观盛忆述：

仁寿宫在现在的王城饭店后面，小时候我不怎么敢进去，有一次路过时，小伙伴说“我们进去抽个签嘛”，就把我拖进去了。当时整个仁寿宫已不算很大，到处是蜘蛛网，很破败的样子，里面供着几尊木头做的菩萨。两个小把爷模仿大人求了签就出来了。当时王城饭店那位置还是公社办的一个厂。

2013 年 5 月 3 日《桂林日报》第 7 版刊登了唐民焕的文章《仁寿巷的故事》，文中写道：

上世纪中叶，仁寿巷 1 号是铁路职工的住房，2 号是“太和工厂”，3 号里面住着六七户人家。其实“太和工厂”里面并没有工厂，也住着人家。里面原来有一座大的石牌坊，上面刻着“仁寿宫”三个大字，这条巷子理所当然的就叫“仁寿巷”了。这“仁寿宫”原来是一座庙，里面有几个赤面金身的神像，“文革”时期被拆下来就地烧毁了，烧成了一大堆的灰，灰里面有好多金光闪闪的碎片，大家都晓得那是黄金，却没有一个人敢去拿一点，只得当垃圾处理掉了。

很多网络及媒体刊载的文章把仁寿井当作岑家大院内的井。张迪在《忽略的东巷》一

图 3-33：丢弃在东巷 13 号小巷中的这个柱础，据老街坊说是庙里之物。（2013-06-15）

文中也写道："这口井是曾任两广总督的岑春煊家中的井。"从《岑襄勤公年谱》中的记载看，岑家到此购宅居住前，便已有仁寿井，地图中亦明显标注此井在仁寿巷中而不在岑家院内。王观盛也说：

仁寿巷里的老井不像是岑家大院里的井，过去这个街区的老百姓都到这口井取水吃用。这片街区以前有好几口井，西巷那边有一口，兰井巷有一口，中华路那边有一口，保健院（中山中路）门口的那条路上原来也有一口井。城里的老百姓平时都吃井水，有战事的时候关了城门也只有打井水。

唐民焕在《仁寿巷的故事》一文中还写道：

原来在井边有一块碑，碑上刻着这口井的名称——会泉井，还有修井的时候捐款人的名单和银两数。后来井边的一间房子扩建，把碑毁了。

仁寿井是否原名为"会泉井"？还需更多实证。

图 3-34：仁寿巷中的老井（2013-03-07）

图 3–35、36、37：仁寿井井沿的石板水槽（2013–04–14）

东巷 28 号与广东会馆

街坊都称东巷 28 号为广东会馆，但史料上未查到此处为广东会馆的记载。

据居住在这里的甘美贞和她姐姐甘励贞（1945 年生，已搬离）说：

我们家祖籍广东，1946 年来到桂林就住这里，这里就叫广东会馆。当时桂林刚刚光复，这里全是瓦砾，我们家花了 36 块光洋请人帮清理，并借旁边的山墙搭盖了房子来住。过去，广东会馆还很宽，中间是个大的方形门，抗战时被炸塌了半边，现在还遗存有一块竖立的长条石。那边跟我们这边对称的原来还有个圆拱门房子，住的黄哥哥家是管这个会馆的，后来他们那房子被拆了。两边的拱门上各有两字，弟弟（现在江西工作）有文化，他知道那上面的字分别是“怀德”“和谐”，小篆体字，上次他回来签协议，专门告诉了秀峰区政府的人，还写给他们看了。

图 3-38：东巷 28 号残余建筑（2013-04-14）

如前，莫一庸《桂剧之产生及其演变》

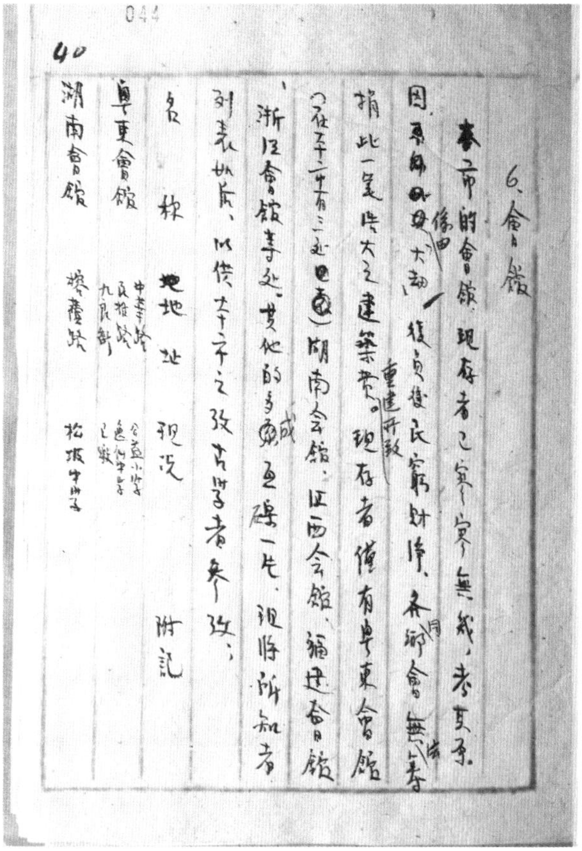
40

6、會館

本市的會館，現存者已寥寥無幾，考其原因，係由"大劫"復員後民窮財淨，各同鄉會無法籌捐此一筆浩大之建築費重建所致。現存者僅有粵東會館（在本市有三處）、湖南會館、江西會館、福建會館、浙江會館等處，其他的多成瓦礫一片，現將所知者列表如后，以供本市之考古學者參考：

名稱	地址	現況	附記
粵東會館	中華路 良豐路 九良街	公益小學 逸仙中學 已毀	
湖南會館	榕蔭路	松坡中學	

图 3-39：易熙吾先生手稿

一文中写到桂林的广东会馆有三所：“一在行春门，即现春华路；一在文昌门，即现文明路；一在对河码头脚，即现东镇路。”但注意到他的调查仅限于“有戏台”的，所以也不能说明此处不是广东会馆。

民国桂林市文献委员会主任易熙吾将 1948 年编写的《桂林市年鉴》初稿的一部分编成《桂林游览专刊》[1]，该书有专门的一节介绍桂林的会馆情况：

本市的会馆，现存者已寥寥无几。考其原因，系由‘大劫’复原后民穷财净，各同乡会无法筹捐此一笔浩大之建筑费重建所致。现存者，仅有粤东会馆（在本市有三处）、湖南会馆、江西会馆、福建会馆、浙江会馆等处，其他的多成瓦砾一片，现将所知者列表如后，以供本市之考古学者参考。（见图 3-39）

从表中可以看到，易先生已极尽其所知，连九良街已毁的粤东会馆都有记录，位于王城脚下的东巷内的会馆他能不知？而东巷 28 号的住户又言之凿凿，其他街坊邻居亦如是说，那就似乎只有一种可能——东巷 28 号是“不挂牌的广东会馆”。

1　《桂林游览专刊》完稿于 1949 年 6 月，现保存在桂林市档案馆。

图 3-40：门上的字为小篆体“怀德”，“文革”时被红卫兵铲掉，另一边的字为“和谐”。（据甘励贞转述她弟弟的回忆）（2013-04-14）

图 3-41：大门原址里面还有大青石板铺就的地面，为原来院中的天井。甘励贞说："原来天井后面还有个供神台，天井的石板下面是大沙池，雨水都流到下面去的。"（2013-05-24）

图 3-42：东巷 28 号原建筑范围现状图，正对大门的右侧大条石门框及门前地下的青石板还依然留存。（全景扫描式拍摄）（2013-04-14）

江南会馆与浙江会馆

江南巷得名于位于巷口的江南会馆。街坊多说江南会馆位于今桂林市招生考试院（原江南小学地盘）。

1997 年的《桂林市志》记载：

江南会馆，位于今江南巷口；浙江会馆，位于今江南小学。

查 1937 年桂林城区图，此处确为浙江会馆。

图 3-43：现桂林市招生考试院处原为江南小学区域，江南小学前身是阳明小学，为浙江会馆所办。（2013-04-14）

民国三十八年（1949）出版的《桂林市年鉴》（易熙吾编纂）有“浙江旅桂同乡会”条目，其中清楚地记载着：

浙江同乡会，系由前浙江会馆改组而成，浙江会馆成立于前清康熙戊戌年，馆址乃前水东门城墙之北，即今福棠街十三号。

据《桂林市志》[1]载：

桂林的行业组织，在清朝称行会、公所、会馆、堂等，清康熙五十七年（1718）浙江会馆成立，同治二年（1863）十月江西会馆成立，民国时期各省会馆相继成立，到新中国成立前，在桂林的有广东、湖南、江西、福建、浙江、四川、江南、山陕、云贵、八旗、庐陵、新安、两湖、建昌会馆。

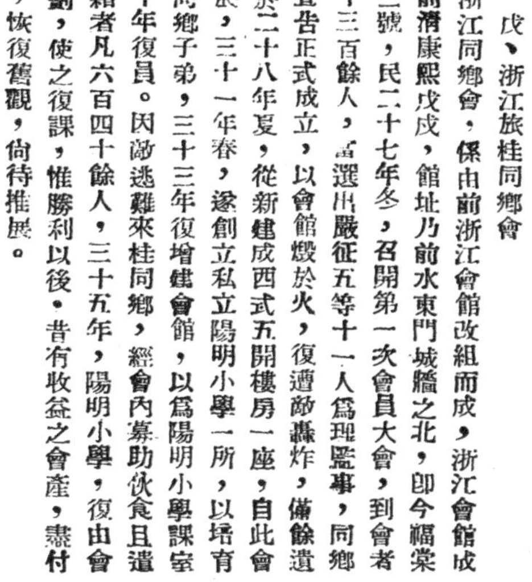
戊、浙江旅桂同鄉會

浙江同鄉會，係由前浙江會館改組而成，浙江會館成立於前清康熙戊戌，館址乃前水東門城牆之北，即今福棠街十三號，民二十七年冬，召開第一次會員大會，到會者凡一千三百餘人，當選出嚴征五等十一人為理監事，同鄉會乃宣告正式成立，以會館燬於火，復遭敵轟炸，備餘遺址，於二十八年夏，從新建成西式五開樓房一座，自此會務推展，三十一年春，遂創立私立陽明小學一所，以培育旅桂同鄉子弟，三十三年復增建會館，以為陽明小學課室，三十年復員。因敵逃難來桂同鄉，經會內募助伙食且遣送回籍者凡六百四十餘人，三十五年，陽明小學，復由會內籌劃，使之復課，惟勝利以後，昔有收益之會產，盡付一炬，恢復舊觀，尚待推展。

图 3-44：《桂林市年鉴》，易熙吾编纂，民国三十八年（1949）版

莫一庸 1940 年发表的《桂剧之产生及其演变》一文中对桂林有戏台的会馆做了调查记述：湖南会馆（素梓街，即现榕荫路）；广东会馆（三所：一在行春门，即现春华路；一在文昌门，即现文明路；一在对河码头脚，即现东镇路）；两湖会馆（伏波门，即现环城东路）；江西会馆（二所：一在榕树楼，即现环湖北路；一在东腰街，即现环城路）；庐陵会馆（东腰街）；四川会馆（四会街）；福建会馆（大边隅巷，即现环湖东路）；浙江会馆（福棠街）；江南会馆（福棠街）；新安会馆（富春街）；八旗会馆（行春门）；云贵会馆（黄泥街）；山陕会馆（水东街，即现桂东路）。[2]

在易熙吾 1949 年编的《桂林游览专刊》中亦有记载：浙江会馆地址在福棠街，当时状况为“阳明小学”（后来的江南小学）；江南会馆地址在福棠街，当时状况为“已毁”。

综合以上史料判断：江南会馆与浙江会馆不是同一个会馆，而是另有其地。

那么江南会馆的具体地点究竟在何处？

据曾住在原江南巷 14 号（19 世纪 70 年代门牌，现江南巷 1 号魏家老宅斜对面）的住户回忆：

1　桂林市地方志编纂委员会编：《桂林市志》（上），《群众团体志》，575 页，北京，中华书局，1997。

2　莫一庸：《桂剧之产生及其演变》，梁淑安编：《中国近代文学论文集（1919—1949）戏剧卷》，205 页，北京，中国社会科学出版社，1988。原载《建设研究》1940 年第 1 期。

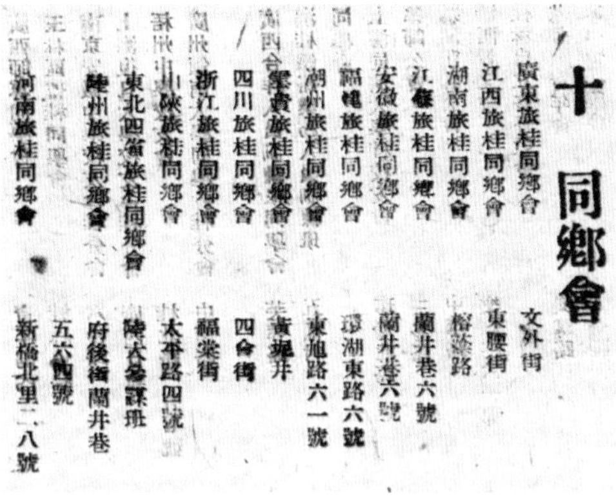

十 同鄉會

廣東旅桂同鄉會	文外街
江西旅桂同鄉會	東腰街
湖南旅桂同鄉會	榕蔭路
江蘇旅桂同鄉會	蘭井巷六號
安徽旅桂同鄉會	蘭井巷六號
福建旅桂同鄉會	環湖東路六號
潮州旅桂同鄉會	東地路六一號
雲貴旅桂同鄉會	黃堤井
四川旅桂同鄉會	四會街
浙江旅桂同鄉會	福棠街
山陝旅桂同鄉會	太平路四號
東北四省旅桂同鄉會	陸大參謀班
陸州旅桂同鄉會	府後街蘭井巷
	五六四號
河南旅桂同鄉會	新橋北里二八號

图 3-45：《桂林市指南》对同乡会的介绍

新中国成立初期他们住的那院子很大，门前有石狮子，厚重的大门，还有栅栏门，前面与魏家斜对门，里面有四个大天井，住了三四十户人，后面通兰井巷。据说这是一姓马的临近新中国成立前夕买的，后来去台湾了，有一个姓马的老头帮守房子。新中国成立时此处收归公有，住进了几十户人家，那马老头被安置在院子角落一个几十平米的房间住。

从 1937 年的地图上看，这里的确是一处面积很大的地基（见图 3-46 中 B 处），因而有人推测这马家大院可能是江南会馆旧址。但在易熙吾的《桂林游览专刊》中有所记载，江南会馆 1949 年状况为“已毁”，又何能在新中国成立后仍有完整的大院呢?

在《桂林市指南》[1] 中发现，江苏旅桂同乡会及安徽旅桂同乡会的住址都在兰井巷 6 号（见图 3-45），而江苏、安徽正是由早期的“江南省”分出来的。查 1937 年地图，兰井巷 6 号与原江南巷 14 号后面相连接（见图 3-46 中 A、B 两处）。这里都是江南会馆地盘的可能性极大。

图 3-46：江南巷、兰井巷局部地图（1937 年）

查民国三十七年（1948）一桩地产典当交易证实，此处的地块 120（图 3-46 中 C 处）为江南会馆产业。抗战后，江南会馆被毁，此处用于建住房供大家租住，民国三十七年因江南会馆会众无力恢复会馆，且大家生活窘迫，即将此地典当给他人。

C 处的 120 地块开间很大，纵深很长，从江南巷一直延伸到兰井巷还要往北许多，后进与兰井巷 6 号 A 处相连；东面除一排小

1 徐祝君、谢浩、葛乃邦、郑洛克、杨禅吾：《桂林市指南》，桂林，桂林前导书局，民国三十一年（1942）。

房屋外就是福棠街，难怪年鉴等史料都记江南会馆地址为“福棠街”。上述“原江南巷14号（19世纪70年代门牌）”，在图3-46中为B处的128地块，亦与江南会馆相连，是否都是江南会馆产业呢？有兴趣的朋友可继续查证。

江南会馆位于江南巷口，当时此处多为江南籍人士居住无疑，江南巷因此得名是顺理成章的事。

图3-47：江南会馆旧址现已建为福棠巷1、3、5、7号四栋高楼。（2013-05-22）

图3-48：原江南巷14号（19世纪70年代门牌）马家大院现已建为楼房，门牌为江南巷2号，其后连接的兰井巷1号亦为后建钢混楼房。（2013-04-14）

“熊同和”药号

老桂林的“熊同和”名声显赫。民国三十一年（1942）出版的《桂林市指南》在对中药业的介绍中说：

中南路新华戏院对之熊同和，为桂林历史最久的一家，百多年以来，未尝间断，各种药类，应有尽有，批发为大装，门市价亦甚便宜，凡居桂林的人无有不知者。

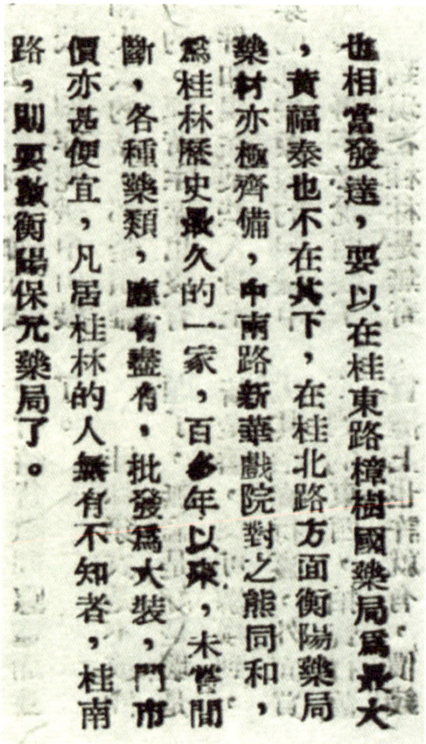
也相當發達，要以在桂東路樟樹國藥局爲最大，黃福泰也不在其下，在桂北路方面衡陽藥局藥材亦極齊備，中南路新華戲院對之熊同和，爲桂林歷史最久的一家，百多年以來，未嘗間斷，各種藥類，應有盡有，批發爲大裝，門市價亦甚便宜，凡居桂林的人無有不知者，桂南路，則要數衡陽保元藥局了。

图 3-49：《桂林市指南》的介绍

实际上，民国时期的“熊同和”已发展到相当大的规模，在市区有多家药铺和多处房产。而位于江南巷的“熊同和药号”则是其最先的老店所在地。新中国成立后公私合营，此处由桂林医药批发站改建成制药厂。虽然后来药厂废弃，但至今中间仍残留一座六开间的木建筑，这是原来熊家大院的第二进，熊家人居住的地方；还有熊家靠兰井巷后花园的院墙及后大门仍为原有。这些情况都为熊家仍健在的后人熊忠敏[1]以及街坊邻居所认证。熊家后人还能描画出当年的房屋建筑格局。

张迪专门采访了现已 86 岁高龄的熊忠敏，在他

1　熊忠敏，熊联瑾的第三个儿子，由续弦彭培坤所生，两岁的时候被过继给熊静和。新中国成立初期初考入湖南湘雅医学院，毕业后在桂林医学院附属医院工作，曾任内科主任。

发表的《江南巷4号：熊同和，老桂林人眼中的“同仁堂”》[1]一文中记录了熊忠敏的忆述（以下是节选）：

大约清朝光绪二十年左右，祖籍江西省清江县樟树镇松湖村的熊献鑫（字静和）、熊献馨（字联瑾）两兄弟，从江西老家走路到桂林谋生。

当时，桂林药店大部分由江西人经营，主要有熊同春、熊同和、熊同泰、熊同寿（据熊忠敏回忆，当时桂林出名的药店有五家，都是以熊字开头，有一家他记不起来了）。一开始，熊静和、熊联瑾在熊同寿药店做学徒，三年期满后又在店里做员工，熊氏兄弟认为做员工没发展，想自己开店。当时，有一家叫“熊同和”的药店经营不是太好，熊氏兄弟想顶过来做老板。

但熊氏两兄弟没钱，找到曹驯[2]借钱。曹驯比较了解熊氏兄弟的为人，同意借钱给他们顶下“熊同和”药店。

“熊同和”药店在熊静和、熊联瑾兄弟手中发达，还与一个叫熊中甫的人有关。熊中甫当时是陈炯明部队军服厂的厂长，老家也在江西清江，与熊氏两兄弟是远房亲戚。熊氏两兄弟写信向熊中甫借钱经营药店。熊中甫答应出资，后来拿三千大洋入股。（按：据熊西蓓[3]说，发展起来后，熊中甫急需钱用又退出了股份）

在熊中甫的支持下，“熊同和”等于拥有了军方背景，开始做批发生意，生意越做越大。后来在如今中心广场旁的杉湖大酒店附近买地建店，正式把“熊同和”牌子打出来。招牌由书法家写出来，专门去广州做成铜字招牌。当时，“熊同和”的生意除在桂林市区和县里之外，还发展到了柳州、南宁、湖南、广州等地。

1944年湘桂大撤退。“熊同和”停业，所有人员分两个方向撤退，熊静和带一批人在永福罗锦崇化村避难，当时，“熊同和”在永福苏桥建一个大药库，后来全部被盗。另一批人随熊联瑾去灵川潭下竹山堡避难。……一天晚上来两批土匪抢劫，许多贵重的药材被抢走。这一次“熊同和”元气大伤。

1　此文刊登于《桂林城市周刊》2013年6月7日第11版。

2　曹驯，字谨堂，桂林人，清同治元年（1862）中举，十年（1871）中进士，光绪二年（1876）官翰林院编修。光绪三十一年（1905）任《临桂县志》总纂。作为山长主持秀峰书院长达三十余年，造就了许多八桂人才，被誉为“一代宗师”。

3　熊西蓓是熊忠敏唯一的孙女。参看本书第五部分《老巷故事》。

桂林沦陷时期，江南巷熊静和的私人住房曾被日军占领后用来养马，日军撤退时，没被烧毁。

桂林光复后，“熊同和”在江南巷继续营业。“熊同和”当年在老桂林人中的口碑比较好，所生产的药物中，以阳和解凝膏、小儿疳积散、滋阴百补丸、胃痛片等最为有名。

熊同和当时的建筑布局，除江南巷大门两侧分别是诊所和药铺外，进去是三进房子，三进房子每栋都是二层，一般情况一楼住人，二楼放药材。后面靠近兰井巷的地方是一座花园，花园内不仅有白花树，还有一座八角形的看棋亭。

据熊西蓓找熊家老人核实：熊家后院有鱼池，还种有柚子树、栀子花、铁树、玉兰。

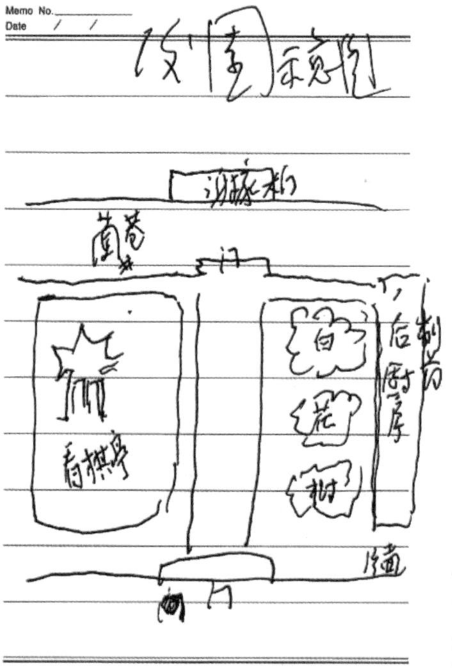

图 3-50：熊忠敏手绘熊家后花园示意图

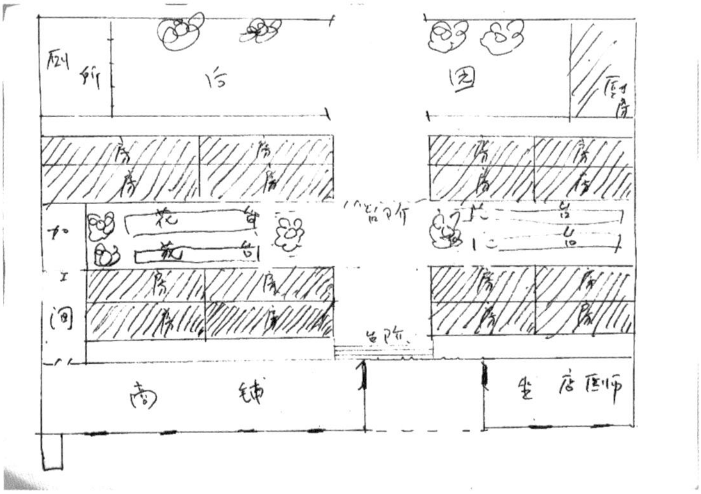

图 3-51：熊西蓓手绘江南巷“熊同和药号”内部房屋布局示意图

图 3-52：江南巷 4 号原“熊同和药号”门面已改建成砖混结构二层楼房。（2013-03-06）

图 3-53：曾经悬挂“熊同和药号”铜字招牌的老墙依然挺立。（2013-05-29）

图 3-54：兰井巷“熊同和”后院墙（2013-03-13）

图 3-55：“熊同和”后花园通兰井巷的大门（2013-03-26）

图 3-56："熊同和"残余的第二进房屋内部梁柱现状（2013-06-05）

图 3-57："熊同和"残余的第二进房屋内部梁柱现状（2013-06-05）

图 3-58："熊同和"残余的第二进房屋内部梁柱现状
（2013-06-05）

图 3-59："熊同和"残余的第二进房屋瓦梁上的吊葫芦构件（2013-06-07）

图 3-60：二楼窗棂的雕花（2013-06-20）

图 3-61：历经常年的风雨侵袭，不知她还能挺立多久。（2013-06-05）

图 3-62：二楼内部楼板已朽。（2013-05-27）

图 3-63：疯长的树已将山墙挤垮。（2013-06-05）

图 3-64：年久失修的老房子风雨飘摇却依然执著地坚守着。（2013-06-05）

图 3-65：公私合营后，熊家大院曾被用来办中药制药厂，其第三进房屋被改建成两层楼的砖木结构厂房，后花园亦用水泥预制板盖顶建成车间，后院内还建灶架锅熬制中药。后来药厂废弃。（2013-06-05）

图 3-66、67：公私合营后，熊家大院曾被用来办中药制药厂，其第三进房屋被改建成两层楼的砖木结构厂房，后花园亦用水泥预制板盖顶建成车间，后院内还建灶架锅熬制中药。后来药厂废弃。（2013-03-26）

图 3-68、69、70：雨水充沛又常年无人的院落，给树木的成长提供了良好条件。（2013-06-05）

68

69 | 70

图 3-71、72：前院内有多个池子，墙边挂有一牌子，上书“毒制药专用浸润池”，字体是浅刻在木板上的。据熊西蓓找熊家老人核实，此牌子不是熊家旧物，应该是后来的制药厂所制。（2013-06-05）

东巷 24 号 “巨丰泰”药铺旧址

“巨丰泰”亦是老桂林著名的中药铺。《桂林市志》（1997）载：

抗日战争后期，药店屡遭破坏，仅剩下“巨丰泰”等几家。民国 35 年有国药店 38 家，新药店 26 家。”“新中国成立后，1951 年，国药店有 76 家，资金达 78186.7 元，从业人员 150 人。其中坐堂 31 家，药摊 12 家，游动药贩 33 家。较大的药店有“熊同和”“黄福泰”“德和祥”“巨丰泰”“友信”“老成行”“天盛”“恒一”“怡兴”等。[1]

东巷街区六七十岁的老住户都记得“巨丰泰”。

自 1946 年起就住在现在东巷 28 号的甘励贞说

“巨丰泰”药行与我家中间相隔一家林姓人家，“巨丰泰”是卖中草药的，老板姓唐，是广东佛山人。当时“巨丰泰”门口都是一平米多一块的大青石板铺的地面，房子有封火墙，瓦顶上有廊坡，人可以上去，把药材用簸箕放到瓦背上晒。

原住江南巷，1959 年住东巷 13 号 1–4 的王观盛说

“巨丰泰”是姓唐的广东老板开的，做药材生意，在广东会馆隔壁，隔了一家。以前门头有门牌匾的，后来公私合营为医药站，被用来作为宿舍（现东巷 24 号）了。

---

1 桂林市地方志编纂委员会编：《桂林市志》（中），《商业志》，2074 页，北京，中华书局，1997。

图 3-73、74："巨丰泰"原址 1982 年被桂林医药批发站建成东巷 24 号宿舍楼。（2013-04-14）

图 3-75、76：东巷 24 号宿舍楼内部天井（2013-03-24）

住东巷24号的卓明光对“巨丰泰”的房屋格局讲述得更加详细：

1958年我家搬到这里住的时候这里是“巨丰泰”的老房子，门口是大石板地面，建筑是两层木结构青砖瓦楼房。大门是双层的，外面一层是圆木的栅栏门（按：广东沿海一带常见的趟栊门），里面才是两扇厚木门，都可以锁死的。进屋是一层很宽大的卖药的厅堂，后面靠城墙有天井，从天井上楼，楼上四周都是廊道（俗称为跑马楼），晾晒衣物、药材可以用竹竿等从廊道架到城墙上。1982年因白蚁把房子的木结构蛀蚀朽了，医药站花了二万五千元建起现在这栋楼房。

东巷 20 号

东巷 20 号是目前整个东、西巷街区保护得最为完好的老建筑，砖木结构很有代表性，由里到外都透出中国南方老民居那种典雅恬静、温馨亲切的格调和气息，让人感到一种历史的厚重感。

2012 年，胡老板跟这里的住户协商，把整个东巷 20 号全部承租下来做休闲茶馆，为此，胡老板跟几个好朋友一起花了很多精力和时间对东巷 20 号进行了全面修缮，使这个院落更加整洁清爽，舒适宜人。

图 3-77：东巷 20 号门外（2013-03-29）

图 3-78：东巷 20 号院内（2013-03-24）

图 3-79：东山墙上的墙界碑 （2013-03-13）

许多街坊都说道，民国时期这里曾住过一个姓潘的，后来到阳朔当县长了，1949 年到香港或者台湾去了。也有人说这姓潘的县长是这家人的女婿。

从山墙的界碑上明白地写着“覃姓墙界”可知，此院落是一个覃姓人投资建造的家院。

东巷 20 号究竟谁人建造？建于何时？姓潘的县长又是怎么回事？这里封存着什么故事呢？

笔者有幸见到了建此房屋的覃家的后人覃志成老人，根据她的回忆，并查阅相关资料，一团团迷雾才渐渐消退，让我们对东巷 20 号有了更清晰的认识。

图 3-80：西山墙上的墙界碑（2013-03-13）

出生于 1940 年的覃志成老人告诉笔者，他们家来自阳朔高田乡的朗梓村，祖籍在宜州庆远。这一下子让笔者想起了多年前慕名专程去观赏过的那个隐藏在僻静山间、有大片保存完好的清代古民居建筑群的村子——朗梓村。

百度百科“朗梓古寨”条目介绍说

据记载，朗梓村始建于清顺治时期，至今已有 360 多年历史。朗梓村现存古建筑 11 座，其中古炮楼 2 座、祠堂 2 座。古建筑占地面积 1200 平方米，建筑面积 800 平方米。整个建筑群结构严密、布局精巧，处处雕梁画栋，十分精美，各厅堂连柱石均为不同造型，内有碉

图 3–81：阳朔县高田乡朗梓村（2007–08）

楼，登上可俯瞰全村，为县里仅存的古代军事建筑，该建筑群前后花十年时间始建成。

提起这里的“人杰地灵”，村民津津乐道：朗梓村处五龙抢珠之势，历出名人豪富。据村中老人覃宗武介绍，朗梓村的覃姓壮家是明末年间从宜州迁徙到此地的。覃家人耐得苦，会谋算，勤劳作，很快在这山区富裕起来。以覃兆勳为首的几家富豪自立祠堂，以其祖父之号“瑞枝”为名建祠，“瑞枝公祠”分门殿、大殿和后殿三重大殿，雄伟壮观。覃兆勳的远邻兄弟虽穷却读书上进。仅同治年间，覃宗武的老祖覃兆昉在同治十二年中进士，继而覃兆昌、覃兆熊胞兄弟都中了进士，不久覃兆昌的儿子也中了进士，可谓一门四进士。这在桂林乃至广西都是少有的。

《阳朔县志》（1988）有记载：

覃梦榕字榕士，高田乡朗梓村人。幼小勤奋攻读，才思敏捷，考试常名列前茅。由廪生登举人，清朝光绪三年（1877 年）中进士，派往贵州省，历任普安、安定等县知县，贵州乡试同考官。因居官廉洁，治理有方，有较高声誉。……后因丁忧回家，贵州民众建立去思碑以纪念其在职时的政绩。他对于天文历数、山水地理很有研究，擅长诗词，著有《地理辟谬》及诗文集数种。回家后，任阳朔寿阳书院山长，是清末阳朔最有声望的讲席，以博学著称。[1]

据《阳朔文史资料》[2]记载（下文经整理有删节）：

覃兆勋（疑原名用勳字，此文用简化勋字，下同）（1850—1904），字续臣，壮族，高田乡朗梓村人。从其曾祖父覃世三开始发财。世三生一子，名龙生，为清六品官员。龙生有二子，名懋伦、懋明。懋伦生二子，名兆麟、兆勋。懋明无子。兆勋生八子，兆麟无子，由兆勋第五子思恂过继。如此，从覃世三起，产业均落到兆勋之手。

1 阳朔县志编纂委员会编：《阳朔县志》，442 页，南宁，广西人民出版社，1988。

2 政协阳朔县文史资料研究委员会编印：《阳朔文史资料》第 3 辑，42~44 页，1988。

图 3-82：覃志成（左）跟她老伴在东巷 20 号老宅（2013-06-09）

覃兆勋当时拥有良田千余亩，年收租谷三千多担，其田地不仅遍及朗梓村十里方圆，而且远至荔浦的庙花、高筒一带，均有兆勋田庄。

兆勋从二十七八岁起，雄心勃勃，兴家立业。他重新建造房屋，并筑炮楼两座，高五层，四面有炮眼，以防匪盗抢劫。另建祠堂一座，其大门两边及过砖均是从广东购买的花岗岩石所制，瓦檐全部用贵州买来的琉璃瓦盖成。大厅木柱及两边厢房的花窗板壁，雕龙画凤、奇花异草、飞禽走兽，艺术精湛。天井地面及廊檐，都用方块麻条青石铺盖，砌墙全用水磨青砖。

兆勋手下共建住房二十三座（包括荔浦县同福乡古门村的三座），均为青砖瓦房，形似宫殿，坚固典雅。1945 年日寇侵扰朗梓，覃氏自卫班驻守抵抗数小时，日寇用机枪扫射，小炮轰击，均无法攻入，弹痕累累，至今可见。

兆勋第五子思恂之儿守元，号德全，新中国成立前，毕业于广西医学院，曾在桂林开诊所，1949 年去了香港，其子女现在香港经商。

覃志成老人说，覃守元正是她的父亲。哥哥是 1980 年后才去的，现在定居在香港。

东巷 20 号的房子起码是我爷爷辈的时候建的了，因为听我小祖母说过她在楼上织布的情形。小祖母是在这里去世的。东巷 18 号那里原来是覃家放杂物的房子，很脏乱的，巨丰泰有时也把药材什么的存放在那里。

这个房子我们以前也是读书的时候来住一下，他们做生意的进城时来落下脚，平时就交给跟我们家关系很好的龚家住着。我读小学就在这里住了，后来上了桂林化工学校，1959 年学校搬迁到南宁，我也随着学校的搬迁在 7 月份离开桂林到南宁去了。我在南宁工作了好久，青春都献给南宁了，后来才调回桂林化工机械厂。

民国时期住在这里的龚家有个女儿，她当年找的对象潘昆华是国民党政府的职员，广东梅县人。潘昆华后来被任命到阳朔当了县长，就住在阳朔“徐悲鸿故居”那地方。

查《阳朔县志》（1988）中的《民国时期历任县长（知事）更迭表》确实记载有“民

图 3-83：覃德传（守元）19 世纪 80 年代在香港的照片（覃志成提供）

国 35 年（1946）11 月至民国 37 年（1948）11 月，县长为广东梅县人潘昆华”。[1]

据覃志成老人说，当年日军的炸弹没炸到此屋，日本鬼子占领时也只拆了板壁来烧，梁柱、花窗幸免于难。因此这是桂林少有的、还保留到现在的抗战前的房屋。

东、西巷有说不完的故事，东、西巷有数不尽的传说，而历史的查证是严肃的、严谨的，也是艰难和无情的，在有限的时间里我们很难对所有的说法一一进行甄别调查。尽管西巷一端曾经居住过李宗仁发妻李秀文等名人，也曾有著名的白龙井，还有天主教堂和清真寺等等，但西巷像样的老建筑现已基本无存，因而这里只对东巷一些主要的历史点做了尽可能的查实。并且，限于笔者的认知水平和范围，以及所能收集到的史料，以上所论证和分析的也许仍有不到之处甚至错漏，期待有志于此的读者、专家学者日后的深入研究予以修正、完善，使我们对这里的历史文化有更为全面、准确的认知。

除了以上所列之外，还有东巷的 2 号、4 号、16 号，江南巷 12 号“赞廬”等风格和格局保存相对还比较完好的建筑，这些建筑虽然不一定是名人故居，也不一定有什么传奇的故事，但他们亦是桂林普通民居的代表，印满了桂林市井生活的历史痕迹，笔者认为，这些也是值得尽可能加以保护的。

1　阳朔县志编纂委员会编：《阳朔县志》，270 页，南宁，广西人民出版社，1988。

四 老巷生活

建筑是人类栖息之地，巷道、街区是人类生存、活动的聚落。一切人类文化的核心都是围绕着人的需求而发展的。只有人类的活动，才给建筑和街巷带来生气与活力。

图 4-1：东巷的早晨（2013-03-13）

图 4-2：江南巷（2013-05-06）

图 4-3：兰井巷（2013-05-06）

图 4-4：东巷（2013-04-14）

图 4-5：东巷（2013-05-22）

图 4-6：东巷（2013-05-23）

图 4-7：东巷（2013-05-23）

图 4-8：东巷 9 号院 1-3（2013-03-20）

图 4-9：东巷（2013-04-17）

图 4-10：东巷 13 号小巷，芳芳与小伙伴在玩耍　（2013-03-24）

图 4-11：东巷 9 号院 1-2 读一年级的王嘉敏在认真做作业。他跟随外公外婆和表哥表姐住在这里。（2013-04-15）

图 4-12：活泼的小嘉敏在门前玩玩具。（2013-04-23）

图 4-13：趁中午太阳暖和，外公帮小嘉敏洗澡（2013-04-14）

图 4-14：夕阳下，许多家长接孩子放学会经过东巷。（2013-05-27）

图 4-15：东巷 16 号院的肖家，一楼被用来做发屋。肖建军的媳妇曾珍拥有美容美发高级职称，获得过许多奖牌奖杯，曾担任过全区比赛的评委，现在还是职业学校的兼职教师。因为她手艺很好，附近的居民都来这里美发，市内不少知名人士是她的固定客户。（2013-05-27）

图 4-16、17、18：租住东巷 13 号 1-6 的申师傅是湖南祁东人，他来桂林已经十多年了，每天在仁寿巷口摆摊修车。申师傅少言寡语，为人实在，做事勤奋卖力，大家都很信赖他。（2013-03-20）

16
17 | 18

图 4-19：申师傅回家时，他的狗总是欢快地迎接他　　李新华摄（2013-03-12）

图 4-20、21、22：东巷 18 号的曾师傅夫妇每天都要做几大锅糯米饭出去卖，他们靠自己的双手，勤劳地养活自己。（2013-04-19）

20
21 | 22

图 4-23：东巷（2013-05-24）

图 4-24、25、26：仁寿巷 3 号里有多户租住户（2013-03-20）

24
25 | 26

图 4-27：东巷 13 号小巷口（2013-03-07）

图 4-28：江南巷（2013-03-31）

图 4-29：东巷 13 号小巷口（2013-03-28）

图 4-30：东巷 9 号院（2013-04-29）

图 4-31：东巷 16 号院（2013-05-24）

图 4-32：东巷　李新华摄（2013-05-23）

图 4-33：东巷 3 号院　王晶摄（2013-06-30）

图 4-34：东巷 16 号院的徐师傅吃午饭时在看电视。（2013-03-29）

图 4-35：东巷 16 号院
（2013-03-29）

图 4-36：徐师傅的车和他养的狗
（2013-03-29）

37
38 39

图 4-37、38、39：
江南巷 19 号的陈师傅父母抗战时就住在这里了。1950 年出生的陈师傅 18 岁就进黄昌典笔店当学徒做笔，现已退休。夫妻俩每天清早就起来做糯米饭去卖。闲暇时陈师傅还喜欢拉二胡。（2013-03-07）

图 4-40：东巷 14 号的叶师傅曾是安装汽车玻璃的好手，现已退休。他有时在家用儿子的电脑看电视。（2013-03-13）

图 4-41：东巷 9 号院的唐大姐已退休，她经常打扫巷道。（2013-05-31）

图 4-42：东巷的街坊们经常聚集在一起聊天交流。（2013-04-19）

图 4-43：东巷（2013-03-24）

图 4-44：东巷，狭小的巷道，对门即可聊天。（2013-05-23）

图 4-45：江南巷，卖菜的三轮车常进入小巷，给小巷的居民带来方便。（2013-03-13）

图 4-46：东巷 4 号院，街坊邻居也常聚在一起打牌娱乐。（2013-05-23）

图 4-47：仁寿巷 4 号的董奶奶在洗菜。　李新华摄（2013-03-20）

图 4-48：正阳路 62 号是 1946 年起的，李秀英 1950 年搬到这里，已经住了 63 年了。两个女儿和儿子景云经常过来看望和照料她。　李新华摄（2013-03-12）

图 4-49：东巷 18 号老曾收到邮件　王树勤摄（2013-04-19）

图 4-50：王城东南角城墙上　徐旭霞摄（2013-03-12）

图 4-51：王城东南城墙上（2013-03-13）

图 4-52：王城东南城墙上（2013-04-18）

图 4-53：王城西南城墙上（2013-04-08）

图 4-54：王城东南城墙上（2013-03-13）

图 4-55：东巷 4 号（2013-03-28）

图 4-56：东巷 20 号（2013-04-14）

图 4-57：东巷口的小卖店（2013-03-13）

图 4-58：东巷 32 号的娱乐室（2013-03-27）

图 4-59：东巷 32 号的娱乐室（2013-03-27）

图 4-60、61、62：王石华师傅是环卫处负责东巷片区旱厕的掏粪工。王师傅是湖南邵东人，1995 年到桂林工作，十几年来，桂林的旱厕基本已改，只剩下东巷这一片了，桂林的掏粪工现在只剩王师傅一个了。（2013-05-29）

60

61 | 62

图 4-63：东巷 28 号前是摄影爱好者常用的背景（2013-03-04）

图 4-64：有些导游也喜欢带着外国游客到东巷参观（2013-04-14）

图 4-65：东巷（2013-05-23）

老巷那种特有的幽静、放松的环境氛围令人流连忘返，文化人张迪2010年在兰井巷开起了“兰井咖啡”，成为文化人聚会的地方。随后“老房子咖啡”“舒宅”“老脸咖啡”“喵吧”“西望咖啡”“东巷20号”等休闲茶吧、书吧相继在江南巷、东巷、西巷开张，使老巷成了大学生和喜欢安静的人常来的地方。

图4-66：江南巷的“老房子咖啡”
王芬宁摄　（2013-03-31）

图4-67：兰井巷的“兰井咖啡”屋（2013-03-04）

图4-68、69：
西巷的“老脸咖啡”
（2013-04-14）

图4-70：西巷“喵吧”
（2013-04-22）

68 | 69 / 70

71 | 72
73 | 74
75

图 4-71、72、73、74、75：西巷口的“西望”咖啡屋在桂林已是小有名气。这里不仅供人休闲，还散发着浓浓的文化气息。（2013-04-14）

图 4-76、77、78、79、80、81、82：东巷 20 号的胡老板于 2012 年花了一个多月的时间对这里进行了全面修缮，使这里既保持了清末老建筑传统居家的那种幽静、安宁与平和的氛围，又增添了舒适、轻松、休闲的情调。这里是许多大学生经常光顾的地方。（2013-03-24）

76

77 | 78

79 | 80
81 | 82

83 | 84
85

图 4-83、84、85：在一个屋子里住久了，就像亲戚一样。东巷 20 号的老住户们又回到这里聚会。（2013-06-09）

五 老巷故事

但凡有些历史的老巷，都会积攒许多故事和传说，那是老人们围坐在炉前烤火、在月下乘凉的话题，是街坊在外人面前夸耀的谈资，故事里也往往投射着老巷历史的点点滴滴。

在东巷街区采访、拍摄的过程中，老住户和曾经在这里生活过的人给笔者讲述了一个个关于这里的历史故事，有的是他们童年生活的情景和趣事，有的是街坊的传说，笔者挑选部分载于此，从中我们可以稍许领略到老巷过去的生活。

1. 甘励贞（1943 年生）忆述——

我家祖籍是广东顺德杏坛东马林乡的。抗日战争时期躲日本鬼子，我父亲甘理一从广州逃到江西九江。母亲叶少莲从香港也逃到九江，他们在九江就走到一起了。后来父母从九江逃到桂林阳朔，1945 年 2 月 7 日，在兴坪的河滩上生下了我。因为我生下来很细小，只有一个小的水瓶大，所以把我的小名就叫“阿细”。我还有个大姐甘巧贞是 1943 年 7 月 3 日生的，妹妹甘美贞，她是 1948 年正月初一生的，小弟甘作城是 1950 年正月初二生的。甘家女儿排“贞”字，男孩排“作”字。父亲去世的时候，小弟才 11 个月。

图 5-1：甘励贞（右）和妹妹甘美贞在东巷 28 号。那竹椅是她妈妈当年经常坐的一张椅子。（2013-03-28）

我们家 1946 年来到桂林，就住在广东会馆这里（现在这里是东巷 28 号）。当时桂林刚刚光复，这里到处都是瓦砾，我们家花了 36 块光洋请人帮清理，并借旁边的山墙搭盖了房子来住。会馆大门塌了半边，那边还有个圆拱门的房子是管这个会馆的黄哥哥家住的。

当时，父亲在位于现在解放东路建设银行那位置的“桂兴行”当总经理。“桂兴行”是一个广东老板出资开的，这个老板除了有“桂兴行”，还有“梧兴行”“柳兴行”等好几家大商行。“桂兴行”当时一半卖西药，一半卖化工产品、照相馆材料。[1]

新中国成立后公私合营，“桂兴行”与隔壁的电器行合资开办了华兴面粉厂，属粮食系统，所以后来姐姐和我都在粮食局系统工作，都是做会计的。大姐已去世了。小弟读书多有文化，他也很喜欢书画等艺术，现在在广东从事设计工作。他记得这门头上被红卫兵铲掉的字是小篆体的“怀德”。过去，这个广东会馆还是很宽的，中间是个大的方形门，现在还遗存有一块竖立的长条石，那边跟这边一样还有个圆拱的小门，上边有“和谐”两字。

我们这里进来的第一家是山西汾酒；第二家是姓朱的；第三家是黄哥哥，他住在广东会馆那边那个圆拱门那里，后来搬走了，给一个老婆婆起了房子；第四家就是我们。我们隔壁这家姓林，再隔壁就是巨丰泰药行，卖中草药的。

图 5-2：桂兴行当年的招牌（2013-03-28）

“巨丰泰”的老板姓唐，是广东佛山人，早先是农民，有一天他们的老太公喝早茶回来，听见喜鹊叫就寻思：嗯！今天运气好哦，去买张彩票先。结果就中了。“巨丰泰”当时门口的地板都是一平米多一块的大青石板铺的，过年的时候门口放炮仗的红纸都足有一拃（拇指与食指张开，约 4 ~ 5 寸）厚。

1 《桂林市志》（1997）商业志记载：“至 1949 年，五交化工商店共 27 户，较大的有桂兴行、桂华行、湘桂行、鼎新行、兴华行。”“桂兴行经营染料、纯碱、立德粉、石蜡以及照相器材、西药。”（第 2058 页）

他们的房子有封火墙的，瓦顶上有廊坡，人可以上去，把药材用簸箕放到瓦背上晒。我小时候有一次看见一只岩鹰抓了只母鸡到那封火墙上面，撕开肚子，把肠子丢去，吃它的肉。

“巨丰泰”收药材，每年秋季，用那种大筐子挑起中草药来卖的人在巷子里经常排起好长的队。巨丰泰收好多蛇，有时蛇跑出来，我们瓦檐那接水的槽都有蛇乘凉。

“巨丰泰”隔壁（现东巷22号）那家姓陈，他们家的小孩都是跟我们在一起滚铜勒（当时的小孩们用圆形金属垫圈玩的一种游戏）长大的。以前他们家做土产生意，有台大汽车，一车一车的荔枝拉回来放在东巷口，扛起那大麻袋搬运进来，那麻袋漏了我们乐死了，尽得捡，所以印象好深的。公私合营的时候他们家的股份就合去开“五一”织布厂了。

新中国成立前那边那岑公馆是大户，里面的太太小姐穿着都很时髦，擦脂抹粉，出来打起洋伞花伞，或者用浙江杭州那边那种扇子遮起头，经常有吉普车倒起进来接她们出去打牌、玩耍。他们家有个佣人认了我妈做干妈，她有时过来耍，讲板路我们听。

原来仁寿巷那外面有个丝线铺，丝线铺后面有个戏台，戏台后面有口井。那口井不在岑家大院里，西巷有口井，东巷有口井，两口井基本是对称的。

盐街那边住的好多是湖南人，穿着比较特别，戴起那垛垛帽，穿起那长袍，那板鞋跟很高，走起路“呱唧呱唧”的，我们小时候印象好深的。

过去城墙都还露出来的，后面全部是空的，是瓦渣堆，每家都离城墙有点距离。夏天从王城城门洞过去非常热闹，卖蛐蛐的、斗蛐蛐的都好多，还有卖各种小吃的。我小时候也去卖过凉茶、凉粉，就到仁寿巷井里打水，放点甘草放点红糖就拿去卖。小时候很苦但是非常快乐。城墙上好多野猫，我们经常爱去追着耍。还有很多鸟，尤其有好多麻雀。我家保姆拿个烂筐子用根棍子撑起，用绳子绑在棍子上，撒点米啊什么的在筐子下面，引麻雀进到筐子下面，一扯绳子就得麻雀了。得了麻雀就拔了毛用牙签撑起腊起吃。

我们院子小把爷（桂林方言，指小孩）多，夏天各家把水泼到院子的地砖上，到晚上家家户户都扯起那烂席子到院子里看月亮巴巴。每年八月十五中秋节前一段时间，这一片家家户户都帮“鸿庆隆”夹瓜子，两毛钱夹一斤。我们院子里头，个个夹瓜子的时候，有哪个回家里挖酸坛的酸出来吃了，就个个都回家挖酸坛吃，辣起“吸哈吸哈”的，好有味道，好好耍。

“巨丰泰”的小孩也好多的，有七个小把爷。我们都是广东人，经常在一起耍。前不久巨丰泰的后人也回来了，我们见到都好亲热的。

现在住岑公馆（东巷9号）那家姓唐的家里也是好多小把爷的，有八姊妹。他们家是在我们家“桂兴行”附近开西饼屋的，好像是叫“新金山”。广东人讲“一金二银三铜四铁，阿五阿六烂铜烂铁”，到后来那些小把爷就没得名字了的。曾经有一次，他们家吃晚饭的时候，突然发现：咦？怎么位子松了点咧？一点少了一个“北仔”，才去报派出所，各个派出所一找才在北门派出所找到他。北仔上午跟着敲锣打鼓的看热闹，一跟就跟个没完。他们家哪个把爷犯了错误就不给吃饭，就躲到门背，这些兄弟姊妹这个出去分一口给他，那个出去分一口给他，这个夹块肉给他吃，那个夹点菜给他吃，照样得吃饱。

讲起小时候这里的板路真是很怀念，我们对这里很有感情的，真的是舍不得走哦！

2. 王观盛（1948 年生）忆述——

我们的祖籍在江西吉安，新中国成立前我父亲就跑到桂林做土产生意了。当时桂林有不少江西人，有江西会馆。桂林的江西会馆在原来的文山中学（文天祥字文山，该校为纪念文天祥的学校），后来改为滨江中学，在现在的文华大饭店那地方。现在的东巷 13 号往西是江西旅馆的房子，桂林光复后那栋房子的墙上还残存了“馆”字和“旅”字的下半部分。

图 5-3：王观盛跟他女儿在东巷 13 号 1-4 门前（2013-03-24）

从我记事的时候起就记得当时家住在江南巷 16 号，在“熊同和”药号的隔壁。对面就是现在的江南巷 1 号，那里以前是魏继昌的老宅。1958 年大跃进时期，大办钢铁，江南巷 16 号要做厂房。我们搬到东巷 13 号（当时是东巷 17 号）来，东巷 13 号这片地原来都是江西会馆（按：另外的街坊说是香和旅馆）的地盘，躲日本鬼回来，桂林的房子被烧光了，所以许多江西人都在这里起房子。我家与一个同乡在现在 1-4 的位置起了一栋房子，一楼一底，结构对称，有吊楼。两家各出资一半，房屋各占一半，大门是两扇开门的。后来我家又挨着建了一座小的房子，也是一楼一底，有吊楼，两座房子相连。现在很多人来这里照相，说是喜欢这里的古香古色。

仁寿宫在仁寿巷，现在王城饭店的后面，估计巷子的名字就是来源于仁寿宫。小时候我不怎么敢进去，有一次路过时，小伙伴对我说“观盛，我们进去抽个签嘛”，就把我拖进去了。当时整个仁寿宫已不算很大，到处是蜘蛛网，很破败的样子，里面供着几尊木头做的菩萨。我们两个小把爷模仿大人求了签就出来了。那时王城饭店那还不是饭店，是公社办的一个厂。

仁寿巷里的老井不像岑家大院里的井，过去这片的老百姓都取这口井的水吃用的。这片以前在西巷那边有口井，在兰井巷那有口井，过去保健院（中山中路）门口那路上原来也有口井的，在中华路那边还有口井。平时老百姓都吃井水，有战事的时候关了城门也只有打井水。

岑公馆很威风的，门洞很大，青砖砌墙，大条石做门框、门槛，包铁的大门。小时候大家都在那歇凉聊天的，大门进去是个院子。小时候我进过岑公馆，里面像红楼梦里面描述的大观园一样，芭蕉树、假山啊等等，以前没水泥，地面都是青石铺地。记得有一次是我哥带我走过：从解放东路一家铺子穿过，一走就进了岑公馆，然后顺巷子一转就穿到江南巷了。

“巨丰泰”（现东巷 24 号）是姓唐的广东老板在经营，做药的，在广东会馆隔壁，隔了一家。以前有门额招牌的。后来公私合营就成了医药站的宿舍了。以前桂林解放东路体育用品厂这位置还有家“黄福泰”药铺，有坐堂医生的。

马启邦的隔壁（东巷 5 号）原来住过一个名叫“沈樾”的画家，他的工笔画仕女图曾经挂在八桂斋卖，以前蛮有名的。他的儿子叫沈庄，长得很壮实，在附中读书，小时候我认识他，但是没什么交往。以后就很少见了。

现东巷 3 号那位置在 50 年代是个织布厂，后来织布厂搬到了目前桂湖花园那地方。织布厂在的时候后头有个坪子晒纱的，后来那里变成江南小学了。

顺东巷转过去依着王城城墙向北的巷子，现在叫江南巷。其实它以前叫全善巷，主要是做铜锁的。第一家是个姓梁的城市贫民，家里有几姊妹，其中有个妹子曾经跟我是同学。往北过去一家以前是做面的，再过去一家好像是做面具的。还有一家好像是姓侯的，他妈妈好像是做饮食业的。再过去就是陈天才家了。陈天才家里穷，参加工作早，那时很羡慕他，那么小就挣钱了，他还喜欢拉二胡。再过去点就是陈家，好多个兄弟姊妹，做铜锁的。后来成立了个合作社，那铺子就在鸿庆隆旁边那位置。

桂林王城是全国保护得最好的藩王府，王城很完整。但是我小时候还见过不连片的城墙，那是桂林的外城，石头砌起的，中间填土。战争打坏了那些城墙。大概在 60 年代时，正逢滨江路改造，我读高中了，参加了解放桥南边那段的劳动，做的是学生工，抬料石砌驳岸，六毛五一天。以前米粉八分钱，一毛二是混合粉，有点菜，一毛五是大菜米粉。小时候吃米粉的时候少，没钱，经常是吃一坨糯米饭，两分钱，里面放个油渣，五分钱咧他又放点豆蓉。要不然的话就吃个碗糕，一分钱一个，用一个小碗放点米浆进去蒸熟，米浆稠点的就是碗糕，稀点的蒸出来就喊水糕。

小时候听父亲讲过吃马肉米粉。过去稍许有点钱的人家，晚上去看戏回来都要吃米粉、汤圆之类的宵夜。过去的娱乐主要就是看戏。桂剧院啊，还有乐群市场那位置有戏院，那里头是个好大的坪子，起了一圈的像凉亭一样的房子，卖东西的。

西巷一带原来有个天主教堂，解放军进城后用来作派出所了。现在落实宗教政策，又还给天主教了。这边就是清真寺，清真寺这边有个巷，巷子进去有个井。那个井是有棚棚盖着的，往井里看黑咕隆咚的。建设银行起房子的时候就把井填了。

小时候的耍法就是滚兜、滚铁环、板公仔，六、七月份跑到王城里打树上的油果果，用来涂自己的校徽（布做的），然后校徽就变得挺括了，雄了。也有用油果果来涂公仔的，做得硬些拿来当打子。

3. 谢镛（1935年生）忆述——

我1937年跟母亲杜璇回到桂林，父亲谢和赓跟随白崇禧在外很少回来。我跟母亲就住在外婆家，那是西巷口一个银行后面的一栋房子，大概有三间房一个客厅，外公外婆住一间，我跟母亲住一间，还有间佣人住的。从我两岁到七八岁（抗日那年），我们都住在西巷那里，后来跟白崇禧一起跑去了重庆。

我们那房子在中间，周围都是花园，这边有个井，以前没自来水就是到井里打水吃的。还有个狗房，我外公喜欢养狗，养那大狼狗比我还高。他养了好多狗，我一回来那狗就扑我。我小的时候一开始还怕，后来就不怕了，还捶它。

我外公杜植，字颂仙，是保定军校的教官，李宗仁的老师，回来后就自己搞了个桂剧院，人家就叫他团长。我妈在广西银行工作，工作地点就在中山中路。她是广州市会计专科学校毕业的，回来就在银行工作了。

图5-4：谢镛接受采访（2013-03-09）

我外婆是白崇禧夫人马佩璋的姑妈，马启邦是马佩璋叔叔的独生儿子，也是我的三表舅（外婆的侄儿）。马启邦住东巷的两层小洋楼，院子里有棵罗汉松。他们家丫头、奶妈等下人住楼下，有个男管家。我们家也有个管家老刘，管买菜、卫生等事情，相当于工人头。

母亲是独生女、大小姐，不管我的，总是外婆管我。我外婆很疼我。外婆厉害啊！他们说要不是她不识字，否则起码是全国政协委员。她大哥二哥读书学念诗，她在旁边听着，大哥二哥回头还要问她，她都背得出给他们听。

谢和赓的爸爸谢顺慈是我爷爷，住东华门这边，后面靠兰井巷这边分别住着三爷爷谢睿慈和四爷爷谢康慈。爷爷这边跟三爷爷四爷爷那边都有小门相通的，我小时候也蛮娇生惯养，他们那边不晓得做什么生意，有很大的味道，我都很少过去玩。

我小时候很讨人喜欢的，表哥表姐都喜欢跟我玩，我那四表哥比我大，但总听我的，后来去台湾了，他回来的时候还找过我。那时我不去白先勇他家玩他都哭的。

不知道为什么，马佩璋对我是最好的。过年过节我得三块大洋，她那些亲的侄崽只得一块大洋。

那时妈妈在银行工作还发生过一件好玩的事，她那个科长贪污公款，盗用她的名字，结果警察局抓了我妈，白崇禧老婆知道了，喔唷，拍桌子拍板凳道："敢抓我表妹啊？！"那个警察局长大惊："是你表妹啊？"马上跑回去对我妈磕头作揖："对不起啊对不起，你就是犯法我也不敢抓你。"——想起真是好笑哦！

我喜欢吃马肉米粉，中山南路阳桥上来点那儿有一家我喜欢的米粉店，名字记不得了。那马肉吃到嘴里香、脆，不过现在这口假牙齿可能吃不出那味道来了。那碗就这么大（比划如大点的酒杯），大人一口一碗，小孩也就两口一碗，一吃吃起碗有这么高一摞。有人吃十几碗，吃二十几碗的也有。他那葱花芫荽放得很多的，很香，很有意思。花桥那边也有米粉，那边是锅烧粉多。马肉米粉就是中山南路上来点那家在桂林是有名的。

第一次见谢和赓是1939年到1942年那时，具体时间记不清了。当时他从西北回来，一到家我就叫他"爸爸"。他带回很多皮衣，现在我都还有两件。他穿的军装好像是中校还是什么的。他住在家，平时没带我出去玩，就有一次带我坐马出去，记不得是去白崇禧家还是哪里了，骑的是山东大马，那时还没有什么汽车，好像桂林只有一两架军用的汽车。

（以下为采访者与被采访者对话）

"他教你学习吗？读书什么的。"

"他教我刷牙要竖着刷不要横着刷，读书倒没教。他还叫我要注意卫生，锻炼身体。他以前是篮球队的。"

"他教你打篮球么？

"没有，那时还小。"

"他带你跑过步什么的么？"

"没有，就是在院子里踢踢毽子啊，跳跳绳啊什么的。爸爸妈妈交流不多，爸爸很顺从我妈的，从没见他们争吵过。"

4. 曾定禄（1939 年生）忆述——

光绪二十几年，我父亲 11 岁的时候从湖南邵东来到这里当学徒做木工，从那时起就住这里了。他是 1963 年 9 月去世的，当年 10 月他就满 71 岁了。

这里的老房原来是个四合院，抗战时被烧过，后来经过简单维修后才住进来。新中国成立后老房被收归国有，也有其他人进来租住公房，上世纪 80 年代政策落实了才把房子退还给我们家，因为我们是手工业者，不属于改造对象。我有哥哥、姐姐，我们三兄妹每人都有三个子女，随着人口增多，老房住不下了，就在院子中间加建房子，加了二三层。

隔壁这家（现东巷 12 号）原来是块空地，那个老的叫韦德祖，原来老食品公司那一路房子都是他的。他那房子交公了以后就到我们这里来搭建点披杉屋。他那房子就搭在我们的山墙上，原来没考虑到溅水的情况对我们的房子会有影响，就答应他说“好的，你起嘛”。一九五几年的时候，“巨丰泰”那唐家开狗肉铺的时候还在这地方打狗的。韦家大概是一九六几年才在这里起的房子。

再早的时候这里有房子，是开纸行的，躲日本人疏散的时候，被小偷烧掉了，我们家后面那两层楼都连带被烧掉了，前面这里全靠有封火墙才没被烧掉。

抗战时躲日本人，我回湖南了，抗战结束时我刚好 7 岁，回到桂林，这里没得什么好房子了，都被毁坏了。后来就在剩下的山墙上重新搭建了房子。

（以下为采访者与被采访者对话）

“对面那家你知道么？”

“对面那家当年住的是马启邦，国民

图 5-5：曾定禄跟他孙子在家门前（2013-04-19）

党的公安厅厅长。”

“你见过他么？”

“我们在他那屋里耍是耍过，但对他印象不深。他那屋子有栅栏门，1950 年租住我们隔壁叶家里头的那个姓申的大仔跑去爬那门，爬上去又爬下来，结果掉下来把头壳跌起缩进颈子里头去了，没两年就死了，十把岁的人。”

“再过去那家呢？”

“那是两广总督岑春煊的，我没见过他。以前我们同住有个仔和里面一个姓张的耍得好，我们就去他屋里看过一次。一个四合院，体育用品厂那里是他的大门，大石板的，他那里没得栅栏门，就是一合大门，进去是个院子。

对门这里（现东巷 5 号）是个姓周的地主，他有个孙子跟我是同学。周家也还蛮好的，社会上没得米卖了他就开仓卖米，有钱给钱，没钱可赊账。所以新中国成立后给他划了个开明地主。”

“据说这里原来有个龙朝言、龙朝翊‘兄弟翰林’碑，还有龙家老屋，你知道吗？”

“没听讲过。我父亲 11 岁当学徒做木工，没上过学。他也不了解这些，没跟我们讲这些。那牌坊我也没见过。现在东巷 1 号龙家那地方一九五几年的时候还是粪草堆来的。我们以前去中华小学（那里原来是广东会馆，后来改成了公益小学，现在喊中华小学）读书，放学回来还见那地方有很高的树杈杈在那地方。大概是 1952 年左右吧，现东巷 22 号那个陈老板在那地方搞了个什么纺织厂。”

“听街坊说那里有个坪子晾晒好多布的，是不是叫染织厂？”

“在这里的时候是喊纺织厂，后来搬到别的地方才喊染织厂。那厂搬走后，没晓得什么时候，现在的龙家在那里起了房子。”

“全善巷那边的情况你知道些吗？”

“那边全是做铜锁的。”

“你小时候就在中华小学读书？”

“没有，抗战结束回来时，我在八角塘对面地区医院太平房那位置的法正街小学读书，以前国民党的高等法院就在那里。后来法正街小学折了，又搬到兰井巷那里的东腰三街小学，新中国成立时又回湖南打了一转，回来后跳了一级才在广东会馆那里的公益小学（现中华小学）读书。”

“江南会馆你知道在哪吗？”

“江南会馆我不晓得，我读书那地方是广东会馆我晓得。当时那小学搞得蛮好的，有滑梯、爬杆、沙坑、吊环等，体育设施很齐全的。

我们三兄妹中我这一家是最苦的。当年进生产组的时候是连人带工具什么都一起进，后来生产发展了才返还点钱，好像是到了 1957 年才退了几百块钱，1958 年生产组就变国营工厂了。原来日本佬搞坏的房子，回来只简单修了下，退了这几百块钱我父亲才买了点木头材料把这房子建好了点。

过去桂林的排水是很好的，有‘三川六漏’，不管下多大的雨，雨一停，那水看着看着就消下去了，王城里也是一样。我们家的天井里有个沉沙井，下大雨的时候那水成漩涡状‘呼呼’往下吸的。不晓得现在是怎么搞的，可能哪里搞建设把桂林的排水系统搞坏了。以前都是青石板地，搞了沥青水泥地了就排水不畅了，那城门洞把石板敲去后就积水了，一下大雨到处是水。”

5. 唐庆秀（1957年生）忆述——

我父母亲1952年就住这里了，父亲唐桂甫（1918—1997），母亲劳松有（2010年5月25日去世）。我父母都在桂林市糖业烟酒公司食品厂工作，做面包、蛋糕、萨琪玛、月饼、鱼皮花生等。我们兄妹八个：大哥在棉纺厂工作；大姐当医生被下放到龙胜三门，现退休了；老三是姐姐，在轮胎厂也退休了；老四是哥哥，嫂子是桂林人，后来到香港继承母亲的遗产，这样他们就到香港定居了；我是老五，1957年生，原来在齿轮厂工作，2008年退休；老六是弟，火车司机，原来在柳州，后来调回桂林，在北站的一个办公室工作，现在也退休了；老七（1962年生）是妹，在齿轮厂工作也退休了；老八唐庆月是妹，母亲退休时顶职工作。现在大家生活都蛮好的，过年过节大家都一起聚会，有时在家里吃有时到饭店吃。香港那哥哥一年基本上过年回来一转，他一回来就喊七兄妹到酒店吃饭。

小时候八兄妹住楼上，五个女住里间，三个崽住外间；父母住楼下。那时我妈管我们好严格的，晚上不给我们出去，八点钟一定要回来，上楼睡觉。哪个超过时间回来就挨打的。有次我八点半才回来，就挨爸妈打过。

图5-6：唐庆秀子讲述她小时候的故事。（2013-04-19）

我父母两人工作，每人的工资才二三十块，要养我们八个子女，生活很困难。后来我母亲还经常说："那时买不起菜的时候，就用酱油拌饭给你们吃，你们不是吃起蛮好，个个身体蛮好，又没得病。"

有一次，大姐带老八出去耍，老八当时大概是三岁，到了南站那边，我大姐耍心也重，把小妹子丢在南站那边忘记了，没带着回来。到了吃晚饭的时候，父母点人头，感觉不对，平时都坐着蛮整齐的，今天好像少了一个，妈妈一清点少了一个小女儿。后来报派出所找，还是我姑爹骑了个单车到南站派出所把小妹接回来的。回来后妈妈问她："叔叔阿姨给你吃了饭没？"她说："吃了，吃了一碗饭，叔叔阿姨还夹了菜给我，夹了两点鸡肉，还夹了点鱼。""叔叔阿姨对你好没？""叔叔阿姨对我蛮好的，还讲故事给我听。"

我读小学时，放学回来，父母叫我们去得点兔子草，家里没钱买鸡吃，养点兔子过年我们才有得吃。家里养了五六只兔子，就在那楼梯脚底。哥哥姐姐都要做作业准备考初中，总是我带着弟弟妹妹到广西师院（现广西师范大学）王城里面得兔子草，那时我有七八岁了。父亲上早班回来后都拿水洗地板，搞卫生，母亲上中班。以前我们屋里的地面都是光滑的大块青石板，比东巷外面的石板还要漂亮。

兔子养大了有六七斤，就杀了腊起。弟弟小时候很调皮，拿口袋装米卖给收破铜烂铁的，得一两毛钱克买冰棒吃。我爸爸杀了五只兔子腊起在楼上，后来发现：嗯？怎么才三个了咧，原来五个的，少了两个。我大姐就讲给我爸听，发现小弟拿了米卖给收破烂的得钱买冰棒。我爸妈就说一定是这个小崽把腊兔子拿去换东西吃了，就拿小弟来问，小弟承认了是他想吃冰棒，偷偷把腊兔子卖给收破烂的，得了两毛钱买冰棒了。爸爸说："啊！一个兔子才给两毛钱给你啊？一个兔子起码卖得五六块钱的，你告诉我听是哪个人，我克找他。"小弟讲："找不到了，收破烂的路过这里的，没会来了的。"

小时候我们有时也吵架。吃饭时大的吃得快把菜吃完了，小的就哭："妈妈，我没得菜吃了。"妈妈就买了八个小碟子，一个人一个，每人分点菜，那时生活好点了，有一两片薄薄的肉，你吃得快也是那碟菜，吃得慢也是那碟菜。

那时候巷子里的小把爷好多的，男把爷耍陀螺啊，女把爷跳绳、踢毽子、蒙蒙娘呛啊，挤老米啊，一到冬天好冷的时候，挤老米就暖和了。

熊西蓓讲述“熊同和药号”的故事——

我叫熊西蓓，是“熊同和”熊家后人熊忠敏唯一的孙女，1979年出生，从厦门大学毕业后回广西师范大学当老师，后来到香港读博士，现在在香港定居。

晚清末年，当时气候环境恶劣，在江西的农村收成不好，很多人就出来往广西、云南这边谋生找出路。江西清江县樟树镇松湖村的熊献鑫（字静和）跟熊献馨（字联瑾）是叔伯的两兄弟，年龄相差八九岁，他俩每人一个包袱靠两条腿走到了广西桂林。他们两兄弟投到桂林的药店当学徒打工，后来跟着老板学医。当时桂林的药号挺多的。他们两个“泥腿子”为什么会学医呢？大家都会感到奇怪是吧？那是因为熊静和年小的时候，生病的母亲因医治不及时而死去，他很小就没了母亲，所以他从小就立志要学医。两兄弟都非常踏实，熊静和学会了医术，而熊联瑾则长于做生意。他们后来积攒了一些钱，就考虑要另外发展了。

图5-7：熊西蓓在熊家老宅内查看。（2013-06-07）

说到“熊同和药另”，很多人都问：“是不是你太爷爷就叫熊同和呀？”其实不是的，药店有两个老板，而且“熊同和”这个名字也不是他们起的。当时桂林很多药店都是江西人开的，有几个都姓熊的。熊静和他们两兄弟攒了些钱以后，正好有一家叫“熊同和”的小药店做不下去了，于是他们就凑钱顶下来做了。当时社会也在发展，有各种各样的契机，他们也有扩大的想法，但资金不够。后来又找了个姓熊的本族参股进来，他在桂林做得比较好，有钱，他拿了很多钱进来，熊同和药店就扩大了。做大了以后，过了几年这个姓熊的急需钱用又想撤股了，熊静和、熊联瑾两兄弟就把钱给了他，从此以后“熊同和”又是两个老板了。

“熊同和”原来是家小店，在熊静和、熊联瑾两兄弟手上就做大了。熊静和做外联很厉害，他知识面很宽，善于交朋友，上至白崇禧等政要，下至各个领域的重头人物他都有结交。熊联瑾就专心在家做生意，管理店铺，两兄弟利益五五开。由于他们两兄弟勤劳刻苦，诚实、合法经营，而且经营有方，就把药店越做越大了。做到最旺的时候他们确实很有钱，在桂林有多家分店、多处房产。他们在阳桥那边现在有个中国银行那地方有房子，在马坪街那地方有房子，在解放桥下来那地方也有房子。熊家自己住的最豪华的地方，也住得比较久的就是在中国银行那边的房子。小时候从那路过听老人说：“我们家原来住的那房子就在那边，很漂亮的房子。后来还住过现在桂林日报社那地方，就在玻璃桥对面那里。”

小时候听老人说过，熊家当时自己住的地方都是相当豪华的。全杉木的木楼，很结实，在楼上跳几下楼下根本听不到什么声音的，楼梯都是旋转楼梯。后来熊家的房产都被烧了，只剩下江南巷这一栋老宅了。这里当时是日本人看到空间比较大就用来养马了，所以没烧。

有间老店的地址就在现在中心广场那玻璃尖尖那地方，档案馆能查到资料。那家老店很大，也是前店后厂的，两边两层楼都是住人的地方。因为当时很多来批发药材的，要接待他们过夜。他还有很多来来往往的朋友，我听奶奶说过那时家里经常是要开十几桌的。在百货大楼那边还开过一家分店叫“九芝堂”。

熊静和没有亲生的子女，熊联瑾这边则枝繁叶茂子女非常多。老大老二都是女儿，下来就是儿子，我爷爷头上有两个哥哥熊忠宽、熊忠信，下来到我爷爷熊忠敏，爷爷下来还有两个妹妹熊景芳、熊景新。现在还健在的就是我爷爷熊忠敏跟熊景新。熊静和跟熊联瑾身材都很高大的。我爷爷是几个兄弟姊妹中比较矮的，他的两个哥哥都是又高又帅的。

我爷爷就生了我爸和我姑姑。我爸就生了我这一个女儿，所以我是我爷爷唯一的孙女。

我爸跟我姑姑是在江南巷这里出生的，我是在凤北路那边出生的。当时从江南巷搬出来的时候我爸十六岁，我姑姑大概四岁不到。

熊静和没子女，就把四岁的熊忠敏过继过来，所以我爷爷小的时候是跟熊静和长大的。爷爷是在南宁读的小学，他的养母唐绍琳是澳门人，所以爷爷也跟着能讲一口流利的粤语。熊静和七十多岁的时候去世，当时我爷爷十六岁左右，他又跟熊联瑾生活在一起了。从那以后就是熊联瑾一个人在经营“熊同和”了，大概直到他去世的那一年（1959 年）。

新中国成立初期，我爷爷熊忠敏看社会的发展情况，觉得要出去读书才行了，于是就考学校，结果一考就考上了湘雅医学院。那时我爸爸都一岁多了，家里就我奶奶管。所以那几年我爷爷在外面上学，家里发生什么事他是不太清楚的，只有我奶奶清楚。具体的他们怎么收拾房子，怎么签协议，怎么合作这些都是我奶奶做的。我奶奶是 1996 年去世的。

我爸妈都要上班，我是跟我奶奶长大的，我跟我奶奶长得很像，八九不离十，我跟我爸妈倒不太像。我奶奶还有个嫂子，我叫她舅奶奶，她们一起把我带大的。

我印象最深的是年轻时经常来我们家的那些老太太，她们当年都是小姐啊，都抽烟的，有喝下午茶和晚上吃完饭在一起听戏的习惯，这样的习惯伴随她们终生。下午这些老太太就会过来串门，虽然都已经潦倒了，但她们的着装和气质都还跟别人不一样的。你看那老太太挽的那手包，走路上半身直直的，头发收拾得清清楚楚的。我小时候就在这些老太太中间长大的，我还清楚地记得她们抽烟的那种姿势，她们抽的是那种铁筒装的“三五”，黄色的，细长细长的，香港带回来的。她们还戴头巾，虽然穿得都很朴素了，但也是把自己收拾得很精致。她们一进来，坐好，摆好茶，点上烟。但是我奶奶不抽烟。那些老太太说话都一板一眼的，不会嘻嘻哈哈地说，坐的距离都比较远，即使说家里的事也是一板一眼的。包括跟我从小玩到大的谢家的孙女，她奶奶也是这样的。她们喝茶一定有茶碟，不像我们现在喝茶就一个杯子。她们都还在可能的情况下尽量保持她们那种精致的生活。她们喜欢买那些小蛋糕、点心、小饼之类的东西，用纸包好带回来在家里吃。这些老太太每天早上起来一定要把自己梳洗得非常整齐才出门见人，即使哪也不去，也要梳洗整齐的。

现在桂林很多人知道当年桂林发瘟疫的事，当时疫情很厉害，死了很多人，熊静和马上赶回桂林跟熊联瑾说：“马上开仓救人。”他们就在店门口搭起棚子，架起大锅，用那些能食用的药，如淮山啊、小豆啊等等，熬了很多粥和药，免费施粥、施药。包括大饥荒的时候，熊家都把家里的米啊药啊拿出来施舍，做了很多善举。

“熊同和”做得这么成功，一方面是做了许多善举，另一方面就是在做生意时从来不排挤同行。有些小药店做不下去了，熊家就帮一把，赊点药给他们，卖了钱他们再把钱还回来。家里经常有这种借钱还钱的人，络绎不绝。另外他对来往的这些

图 5-8：熊西蓓在熊家老宅内查看。（2013-06-07）

药贩、脚夫都很好，有的是从南宁、柳州、梧州等地方来的，他都接待得非常好，免费为他们提供吃住。还有就是他对员工也非常好，伙计往往一来就是做一辈子。熊联瑾是一个对人非常非常好的人，对人很平和说话很和气，轻声细语的。相对来说熊静和就比较严厉了。除了这些，“熊同和”做药还非常注重质量，如果出现不合格的药品一定会当众销毁。他说：“你来我这里买药就根本不需要担心质量。”

7. 卓明光（1953 年生）忆述——

1953 年夏日我出生于风景秀丽的桂林山城，在东西巷已生活了半个多世纪，几十年的小巷生活，家庭的变化以及两巷的一些情况都历历在目，给我留下了不可磨灭的印象。

我的父亲卓舜（原名卓舜轮）生于1917 年，抗战前由广东来到广西，先在柳州从事医药行业，1951 年即新中国成立初期便移居桂林，卓舜轮与卓扶轮两兄弟在十字街附近开了家名叫“联康药房”的西药房，当时家庭生活还是比较安宁的。我们家到桂林后在几个地方租房子住过，也住过西巷。从 1958 年开始就住到“巨丰泰”这里来了。

公私合营后父亲靠领取工资维持家人生活，由于开支出现困难，母亲便到附近山里打柴，一来可以弥补家庭开支不足，二来又可给家中提供生活方便。我放学回家后便自己动手，烧火做饭，以减少家长

图 5-9：卓明光在东巷 24 号院内（2013-03-29）

的生活压力。

我们有五个兄弟姊妹，大哥卓晴光（1944 年在广东出生的），后来在柘木中学当副校长至退休；老二是姐姐卓安娜，现在她一个人住在东巷这里；老三卓文光已经去世；老四是个女孩，很早以前走失了；我是老五，在桂林钢厂工作，做过轧钢工、开过磨床，过磅、记录等工作，样样都做过，因是特殊工种，五十五岁就退休了，现在已经退休五年。我结婚后住在西凤路 24 号那边，现在跟当老师的爱人住在桥头小学。姐姐有病，所以我每天都过东巷来帮姐姐做饭，料理家务。

1958 年，我们搬到这里住的时候这里还是“巨丰泰”的老房子，建筑是青砖瓦里面木结构两层楼房，有三百平米左右。1982 年因白蚁把房子的木结构蛀蚀朽了，医药站花了 2.5 万建起现在这栋楼房。自清朝末起，“巨丰泰”的牌号延续了近百年。听前辈讲，许多桂林人都在该店购药，其药材进货货源较好，价格公道，生意十分兴隆。

我们搬到这里后，当时这里住着“巨丰泰”的唐家、“联康药房”的卓家、“联安药房”的张元暖家，还有一家工人。唐家有七个子女，卓家是五兄妹，张家是七个儿子，那工人也有三四个子女。这条街当时好多小把爷的，我们经常喜欢一起到城墙上去玩，那上面有好多各种各样的鸟。“巨丰泰”唐家跟 28 号甘家是同乡，都是广州、佛山那边讲白话的，我们是梅州这边是讲客家话的。唐家很大方的，甘家丈夫死了后，剩下孤儿寡母的，他常接济她们。

记得以前东巷的路都是由大块青石板铺成，大雨过后十分干净、明亮，由于车行较多，青石被压坏了不少，后来便改为水泥石渣路。

一般居住在东西巷的人家，大多住房都不宽，都是共用卫生间与洗凉房，家庭都用柴煤烧火做饭。

在我家对面住着民国时期的桂林画家沈樾，他的寓所是一层砖木结构建筑，小院子十分安静，沈老在这里画了许多画，有九尾鱼、公鸡、猫等动物画。当时十字街的八桂斋画店经常出售他的画，我也经常在那里看得到他的画。

8. 李秀珍（1931年生）忆述——

我是老桂林人，祖上好几代都在桂林。我身份证上的出生日期是1933年12月13日，后来翻到父亲记下的每个人的出生日期，才知道我是1931年老历十月二十五生的。我有三个儿子一个女儿，大儿子跟我住在江南巷这里，其余子女都在外面。我老伴是离休干部，东北人，1946年参加革命，原来在部队的，后来转业到柳州八一锰矿，后又转到桂林冶金疗养院，是外科副主任医师，2011年6月份去世时八十四岁。我跟老伴在疗养院那边有个三房一厅的房改房，但离市区比较远。女儿去美国后我就搬到这边住了，从小住这条街习惯了。

抗战后我们一家九口（祖父祖母，父母，兄弟姊妹五个）回来住在江南巷31号那里，是祖父祖母的房子。江南巷靠城墙这一排都是躲日本鬼后同时建的，用竹子做梁柱，竹子做瓦，竹篱笆抹灰做墙。当时江边好多竹排，竹子容易得，靠城墙起房子省点钱。

图5-10：李秀珍老人在讲述老桂林的故事。（2013-07-05）

抗战后，这条街基本没房子了，就剩下“赞廬”那家门头。那一片全部是空地，石头瓦渣，那时又不晓得去占地起房子。

“赞廬”是大户人家，最后他把房子卖给别人了，躲日本鬼回来就不见他了。“赞廬”里面是后来起的房子，躲日本鬼回来时那房子要倒不倒的，有天晚上下大雨，轰隆隆地响了好大一声，原来是那房子倒了。日本鬼好缺德的，他们把那房子都搞坏了。你看东巷那边有几家，都是青砖的，好好的啊，那真是躲日本鬼以前的，那砖墙没被日本鬼破坏完。

这条街过去叫全善街，有蛮多家做铜锁的。阳九长，陈水辉、陈光辉兄弟，廖老板，易家等都是做铜锁的。夏天我们这里好热闹的，他们做铜锁的倒好模以后要锉光，那些学徒就在门口，一边锉一边唱歌。后来这些做铜锁的合并成合作社，再后来并到锁厂了。这条街那些不做铜锁的也有到正阳路那边刨烟丝，做点小生意的，也有自己出去打工挣钱的。

躲日本鬼回来时，我们隔壁这个公厕再过去那家叫童老大，我们喊他大伯伯，喊他老婆大伯娘，他三弟住在东巷那边的第一家，卖山西汾酒的（按：现东巷34号山墙上确有“童姓墙界”碑）。躲日本鬼回来，我们这条街都是小房子，没得厕所，大伯伯无儿女，大伯娘就把自己的地让点出来，挖个坑架两块板子，搭起个木板棚给大家当厕所。后来两个老的去世了，房子就充公了。

以前河边的水很深，我们去挑水都穿草鞋。过去靠河边有房子的，从伏波山以下都停有竹排，我们洗衣服都到竹排上去洗，因为那竹排宽，可以走到水深点、干净点的地方去洗。个个都是这样，洗衣服、洗菜、挑水吃都到河里去的。那时不像现在家家有自来水，都吃河水的。兰井巷这边井水我觉得是咸的，不好吃。哪里的井水好吃咧，就是南门那边，百货大楼还下去点那里有个井，那井的水好吃。大家在那用绳子打水，过路的都来吃那井的水，那水又凉又甜，可能那边没什么污染。老桂林城好多井的，以前晚上要关城门，城里人都吃井水。那些挑粪水的、挑什么的啊早上都等在城门边，一开城门就进来了。

以前人少，街坊的人情味很浓的，过年蒸年糕啊，做什么好吃的东西啊都是大家一起搞的。过去这里都是青石板铺的路面，东巷也是，王城里面也是，下雨天雨一停那水马上流走，那青石板清清爽爽好凉快的。现在都换了。旧时桂林没有那么多的车，到夏天大家都拿个小板凳到城门洞那边乘凉聊天，那里通风很凉快。现在哪个还敢去哦！尽是车子，汽车、摩托车，走路都还要小心点。“文革”的时候还有人怕被别个的冷枪冷炮打到，拿席子到那城门洞睡的。那时西巷口就有个姓汤还是姓什么的，他那奶奶在门口洗头，就被从象鼻山那边打来的一炮冷炮打死了。

新中国成立前好多卖东西的挑担子到巷子里来卖。卖牛血的挑起一个桶，他有那筒筒，这么大（比划如大酒杯大小），你要一分钱两分钱，就拿起碗来，他打一筒用水帮你冲起。牛血要冲的，冲起才结得起。那时都好货真价实的，什么都没掺。那时水东门那有个好大的菜市，但我们都好少去菜市买菜，卖牛肉的、卖猪肉的、卖小菜的都挑起担子到巷子里来卖的。卖肉的用箩筐挑起，上面有块板子。以前买肉都买好少的，哪像现在一买就是买一斤两斤的。卖茯苓糕的是挑桶来卖的。有个歌谣大家是这么唱的：“茯苓糕，扁担挑；挑红桶，卖白糕。”

卖馄饨、卖米粉的到晚上才来，点煤油灯来卖。那时没得电灯，我们都是点煤油灯的。他们挑的是个像桌子那样的担子，下面有个拖箱放东西，另一头是灶或火炉，哪个要买来吃就现煮现吃。

早上有卖糯米饭的，总在城门洞那里

卖，以前行人少（车也少）。现在卖糯米饭用碗舀，以前总是用手来抓的，给块叶子还是什么的给你垫起，用手抓起一团，放点绿豆，放点香料，你就这样吃了，现在哪个还给你用手抓？卖糯米饭的也是用筐子挑起的，下面放个灶，灶上放锅头，糯米饭要保热的。以前没得放什么香肠的，就放点绿豆。现在的糯米饭还放点什么肉啊，放点辣椒、酸豆角啊。

桂林过去还有卖碗糕、发糕、水糕的铺面。七星公园门口那带有一家卖的碗糕最好吃，那发糕蒸出来上面是开花的，现在都没得了。桂林过去的小吃还有马蹄糕，柚子叶包的印子粑，还有用糯米粉做的里面包芝麻糖、外面裹豆粉的豆粉粑，还有油条、糊辣。糊辣是在铺子里卖的，没挑出来。还有回族人做的“牛鲜子”，用油煎的，里面什么都有点，蛮好吃的。

“鸿庆隆”一直在正阳路与解放东路的小十字街口那里，没挪过地方，他家的媳妇跟我是小学同学，一起在东腰街小学读书的。“鸿庆隆”做月饼的时候，我们这条街帮他做了好多事，挤榄仁、剥瓜子。哪家想做就去他们那里去领东西，做完他给加工费。那时候家家户户都做，小孩放假了在家帮做，虽然钱不多，但还是能得点钱。挤榄仁要先用水泡涨，用手一挤就出来了。剥瓜子用铁夹子夹，我们家的几把铁夹子早些时候被我那弟媳卖给收破烂的了。现在的月饼都没得榄仁了。

桂林原来有三家做笔比较有名的：黄昌典、邹乾元、徐中书。黄昌典在依仁路那里，徐中书也在大街上。后来这些做笔的就合进文具用品厂去了。

桂林的药店，“熊同和”“巨丰泰”在江南巷和东巷这边，有个“曹保元”是在南门，现在百货大楼下去一点。

“张永发”在十字街那里，他的染水好。有人讲“张永发”在我们这里，哎呀，都是在乱讲，张永发扯不到我们这里的。张永发原来是个学徒，来桂林做成老板了，就发起来了。还有个“路广新”在通泉巷口，也是做布的，还有后人在。张永发是湖南人，路广新是二塘那边的人。桂林做布的就这两家出名。

张永发对面有家“苏天有金子铺”，以前金子铺好负责的，打的那金子都刻了字在上面的，现在的没得了。

我父亲是中医，擅长针灸，过去曾经去平乐半边街行医带好多门徒的，后来到桂林在别人的药铺坐堂。到了端午节，好多人来我家找他做针灸的，用艾条来熏。我爸看病做针灸用那药条总是自己做的。现在的药条好假了，松松的。我爸那时做的药条用艾叶再加各种药，拿那绵纸来搓，搓起这么长（比划约八九寸），紧紧扎扎的，外面还刮起蛋清来粘牢，他做事很细心，做的药条根根一样长。我们小时候就帮他烧药条。他帮人家看病，我们就烧好药条给他帮人家熏（灸）。我家除了有个妹是学中医的（70多岁了，在南宁的自治区人民医院工作，现已退休），其他人都没学医。家里的医书、药书啊什么的我们都没留下来，都不要了。还有那木头人，上面有好多穴位的，搬家搬来搬去的也弄丢了。

六 老巷环境

时光流逝，斗转星移。随着岁月的变迁，老巷的环境也在悄然发生着变化。然而，就像一个年迈的老人一样，她似乎步履蹒跚，在吃力地追赶着外面的一切。

图 6-1：江南巷（2013-04-14）

图 6-2：东巷（2013-04-17）

图 6-3：东巷（2013-04-17）

图 6-4：东巷 13 号小巷（2013-03-24）

图 6-5：江南巷（2013-03-24）

图 6-6：仁寿巷（2013-03-24）

图 6-7：东巷（2013-04-14）

图 6-8：西巷（2013-05-13）

图 6-9：东巷 20 号
（2013-04-17）

图 6-10：东巷 4 号（2013-04-17）

图 6-11：西巷　李新华摄（2013-03-26）

图 6-12：东巷 13 号小巷（2013-03-24）

图 6-13：江南巷（2013-04-10）

图 6-14：东巷（2013-04-10）

图 6-15：东巷（2013-04-10）

图 6-16：东巷（2013-03-27）

图 6-17：东巷（2013-03-28）

图 6-18：仁寿巷（2013-04-22）

图 6-19：东巷（2013-03-13）

七 拆迁进行时

在城市面貌日新月异的时代，老巷如何能既保持历史风貌又跟上时代前进的步伐，这是当前面临的一大难题。虽有周庄等成功的范例，但还需针对本地的具体情况进行具体分析，拿出切合实际的方案。

图 7-1：江南巷 17 号昨天拆除
（2013-03-13）

图 7-2：江南巷 23 号昨天拆除
（2013-03-13）

图 7-3：江南巷 23 号昨天拆除（2013-03-13）

图 7-4：解放东路临街门面清货（2013-03-19）

图 7-5：解放东路临街门面清货（2013-03-19）

图 7-6：东巷 13 号小巷拱门拆除现场（2013-03-27）

图 7-7：东巷 13 号小巷 1-2、1-4 拆除现场（2013-03-27）

图 7-8：东巷 13 号小巷 1-2、1-4 拆除现场（2013-03-28）

图 7-9：东巷 13 号拆除后，隔壁 11 号院尚未搬迁的朋老师带着儿子用拆下的砖将围墙加高。（2013-03-31）

图 7-10、11、12、13：拆迁工作组在街区张挂的宣传横幅（2013-04-08）

10	11
12	13

图 7-14、15：东巷口的正阳路 62 号拆除现场（2013-04-23）

图 7-16：东巷 13 号小巷内，尚未搬迁的居民继续出摊做他们的生意。（2013-05-27）

图 7-17：东巷，一户居民正在搬迁。（2013-06-07）

图 7-18：为保证拆迁过程中尚未搬离的居民的正常生活，有关单位在东巷巷道里竖起了木杆，架设线路。（2013-06-14）

图 7-19：正阳路北段东边围栏上覆盖着东西巷修缮工程效果图。（2013-06-15）

图 7-20：正阳路北段东边开始设置安全围栏。（2013-06-14）

图 7-21：正阳路北段与解放东路交叉路口东边转角处，老百姓在观看改造效果图。（2013-06-15）

图 7-22：解放东路东段北面，被安全围栏围起的区域（2013-06-15）

图7-23：东巷口正阳路60号被拆除。（2013-06-15）

图 7-24：江南巷东口（2013-06-20）

图 7-25：江南巷 2 号、4 号拆除现场（2013-06-20）

图 7-26：江南巷 2 号拆除现场（2013-06-20）

图 7-27：江南巷 4 号“熊同和”药号后院，即新中国成立后改建的药厂厂房被拆除。（2013-06-20）

图 7-28：拆除江南巷 4 号后，山墙上露出“熊同和”药号老房子的痕迹。（2013-06-25）

图 7-29：江南巷 4 号“熊同和”药号第二进老房子被列入计划保护范围。（2013-06-20）

图 7-30：江南巷 2 号的老山墙
（2013-06-20）

图 7-31：工人在小心地拆除江南巷 2 号老山墙，以便修复老建筑使用。
（2013-06-25）

图 7-32、33：东巷 2 号 1-4 的陶师傅与大哥、妹妹及外甥搀扶着 90 岁高龄的母亲搬离。（2013-06-25）

图 7-34：拆除原体育用品厂大楼　王晶摄（2013-06-30）

图 7-35：原体育用品厂大楼北面安装了架子及防护网，采用人工拆除以防影响旁边的保护建筑。（2013-07-01）

东巷街区，经历了一百多年的风雨，在2013年，开始了她的一次重大蜕变。本书所记录的仅仅是这次重大蜕变之前至蜕变开始这一重要阶段的影像。

无疑，这次蜕变将使东巷街区的各种基础设施更加完善，环境得到有效整治和改善。对国家级文物保护单位——靖江王城来说，明代正阳门（端礼门）三门并列的壮观景象有望恢复，沿城墙边的一些附着建筑将被清理。然而，对东巷来说，那些清末民初的青砖木结构瓦房也都有延伸到城墙边的，如何处置？在控高的情况下如何疏解居民？在强调保护的情况下如何做好修缮与拆建？一系列的问题和困难需要勇气去面对，需要智慧去解决。

世界关注桂林，桂林人关注东巷。我们祈盼完成蜕变后的东巷既传承和保持着原有的建筑和人文风貌，又散发出新的活力，使其与靖江王城相映成辉，成为桂林历史文化名城内涵的承载区和标志性展示区。

正如笔者在自序中所说："摄影无法改变历史，我们只能把看到的、听到的如实记录下来，以一个客观的旁观者的视角来关注这段历史的进程，将东巷街区这个地方、这个时段以影像档案的形式留存于世。"

我们将继续关注东巷街区的变化历程。

祝愿东巷的明天更美好！祝愿桂林的历史文化发扬光大！

参考文献

1. 桂林市文献委员会编印（易熙吾主编）：《桂林市年鉴》，桂林，桂林市政府，民国三十八年（1949）。

2. 桂林市地方志编纂委员会编：《桂林市志》（上、中、下），北京，中华书局，1997。

3. 蔡呈韶等修，胡虔等纂：《临桂县志》，台湾，成文出版社，据嘉庆七年修光绪六年补刊本影印。

4. 林富修，黄佐纂：《广西通志》，嘉靖壬辰年（1532）刻本（影印）。

5. 谢启昆修，胡虔纂：《广西通志》（全十册），南宁，广西人民出版社，1988。

6. 吴征鳌：《临桂县志》，光绪三十一年版，桂林市档案馆1963年翻印。

7. 沈秉成修，苏宗经、羊复礼纂：《广西通志辑要》，台湾，成文出版社，1967（据光绪十五年刊本影印）。

8. 赵藩撰：《岑襄勤公年谱》，载《续修四库全书》（五五八 史部·传记类），上海，上海古籍出版社，2002。

9. 广西大百科全书编纂委员会编：《广西大百科全书》，北京，中国大百科全书出版社，2008。

10. 易熙吾：《桂林游览专刊》，桂林市档案馆、广西桂林图书馆编印：《桂林游览史料汇编》，1991。

11. 徐祝君、谢浩、葛乃邦、郑洛克、杨禅吾：《桂林市指南》，桂林，桂林前导书局，民国三十一年（1942）。

12. 桂林市文物管理委员会编：《桂林石刻》，1977。

13. 阳朔县志编纂委员会编：《阳朔县志》，南宁，广西人民出版社，1988。

14. 政协阳朔县文史资料研究委员会编印：《阳朔文史资料》第3辑，1988。

15. 桂林市地名委员会办公室编印：《桂林地名集刊》第一辑（1990）。

16. 桂林市地名委员会办公室编印：《桂林地名集刊》第二辑（1994）。

17. 桂林市地名委员会办公室编印：《桂林地名集刊》第三辑（1996）。

18. 桂林市地名委员会：《桂林市地名录》（一），1986。

19. 林哲：《桂林靖江王府》，桂林，广西师范大学出版社，2009。

20. 周有光：《靖江王府考略》，广西博物馆编：《广西博物馆文集》第三辑，南宁，广西人民出版社，2006。

21. 马天纲：《马启邦先生小传》，载《广西文献》2007 年第 115 期。

22. 魏继昌：《我的自传》，载《桂林文史资料》（第七辑）。

23. 廖中翼：《康有为两次来桂讲学概况》，载《桂林文史资料》（第二辑）。

24. 莫一庸：《桂剧之产生及其演变》，梁淑安编：《中国近代文学论文集（1919-1949）戏剧卷》，北京，中国社会科学出版社，1988。

后　　记

本书即将付梓，颇多感慨。

从2013年3月初开始，我的大部分时间和精力都投入到了东巷，白天采访拍摄，晚上整理录音、图片，查资料写作，到7月初完成初稿，个中艰辛无须细说。市社科联各位领导和同仁们对我非常支持，在时间和工作安排等方面充分给了我灵活安排的空间。关注桂林历史文化的朋友们更是鼎力相助，张迪为我提供了不少重要线索并与我共同采访，林哲、林志捷、王晶、毛建军等在查证与提供资料、疑点讨论等方面给予我大力支持，林哲、林志捷还帮助我修订文稿，李新华、王芬宁、毛建军、王晶、王树勤、徐旭霞等与我共同关注并拍摄老巷，互相交流相关信息，并为本书提供了他们的佳作。他们的参与、鼓励和支持增强了我完成本书的信心和动力。广西桂林图书馆、桂林市档案馆为我查找相关资料提供了极大的便利和全力的支持。苏理立、庞铁坚、刘春燕、凌世君、韩海彬、尹文军等师长和挚友对本书的初稿以及出版相关事宜提出了宝贵意见，给了我很大的帮助。

秀峰区委、区政府对本书的出版极为重视和支持。2013年3月，当时的区长黄洪斌约我长谈，在了解我正在进行的工作后，即表示要大力支持，并立刻着手成立东西巷历史文化挖掘整理研究组，把本书列入计划。在随后的工作中，王海燕副区长、何琼羽副调研员以及文化组的莫菡栖主任为采访、调查以及后续的出版等工作提供了极大的便利和强有力的支持。7月份本书初稿完成后，赵谠生书记、蒋育亮区长认为本书作为东巷街区人文历史的影像档案极具价值，要求做成精装本出版。

在此，对以上给予我关心、支持和帮助的各位领导、各单位以及同事和朋友们一并表示衷心地感谢！

书成之际，不能不提的是甘励贞、王观盛、谢镛、曾定禄、唐庆秀、卓明光、熊西蓓、覃志成、李秀珍、李秀英、杨景云、陈天才、曾小云、曾广新、章国宝、肖建军、曾珍、叶秀基、王石华、朋秀媛等等东巷街区的街坊们，正是有他们的理解和配合，为我讲述东巷的故事，提供各种信息，才使得这本书得以完成。

限于笔者的水平，本书难免存在诸多问题和不足，真诚地欢迎各位专家学者和知情者不吝赐教。

邓云波

2014年12月10日

GUILINCHENG ZUIHOU DE LAOXIANG
2013 YINGXIANG DANG'AN

图书在版编目（CIP）数据

桂林城最后的老巷：2013影像档案 / 邓云波编著.
桂林：广西师范大学出版社，2015.7
ISBN 978-7-5495-6896-3

Ⅰ. ①桂… Ⅱ. ①邓… Ⅲ. ①城市道路－桂林市－图集 Ⅳ. ①K926.73-64

中国版本图书馆CIP数据核字（2015）第132194号

广西师范大学出版社出版发行
（广西桂林市中华路22号　邮政编码：541001
网址：http://www.bbtpress.com）
出版人：何林夏
全国新华书店经销
湛江南华印务有限公司印刷
（广东省湛江市霞山区绿塘路61号　邮政编码：524002）
开本：787 mm × 1 092 mm　1/16
印张：18.5　　　字数：150千字
2015年7月第1版　　2015年7月第1次印刷
印数：0 001~3 000册　　定价：128.00元